VOCABULARIO

HEBREO/ARAMEO-ESPAÑOL

Las 1.500 palabras más frecuentes
del Antiguo Testamento

andaluspublications.com

VOCABULARIO HEBREO/ARAMEO-ESPAÑOL

Las 1.500 palabras más frecuentes

del Antiguo Testamento

1ª edición

Andalus Publications

2021

VOCABULARIO HEBREO/ARAMEO-ESPAÑOL

Las 1.500 palabras más frecuentes del Antiguo Testamento

Edición impresa, 1ª edición, enero de 2021.
Serie: *Lenguas de la Biblia y el Corán.*

Portada: Códice de Leningrado (*Codex Leningradensis, Firkovich* B 19), imagen de dominio público.

ISBN: 9798701954944

andaluspublications.com

שְׁמַע יִשְׂרָאֵל יְהֹוָה אֱלֹהֵינוּ יְהֹוָה| אֶחָד:

Escucha, Israel, el Señor, nuestro Dios, es solo uno.

Introducción

Este *Vocabulario* del Antiguo Testamento es una obra de consulta y estudio para iniciar o reforzar el aprendizaje de las lenguas hebrea y aramea, y así aumentar la comprensión al leer la Sagrada Biblia; en tus manos un diccionario hebreo y arameo con las palabras de mayor frecuencia en el texto bíblico con una tipografía y disposición amplia y clara.

En este *Vocabulario* los estudiantes e investigadores podrán consultar las palabras más importantes de la Biblia, practicar su lectura sin transliteración y memorizar las 1.553 entradas lingüísticas que aparecen más de 20 veces en las Sagradas Escrituras hebreas.

Para el estudio, traducción e interpretación de los Libros Sagrados es esencial tener un léxico amplio en la lengua propia y en las lenguas originales, tal es uno de los objetivos de los *Vocabularios* hebreo/arameo, griego y árabe de la serie *"Lenguas de la Biblia y el Corán"* editados por *Andalus Publications*.

En estos *Vocabularios* bíblicos y coránico encontrarás los verbos, sustantivos, adjetivos, preposiciones y nombres propios más comunes y frecuentes del texto masorético, el Nuevo Testamento y el Corán, luego podrás adentrarte en lexicones y diccionarios de mayor volumen para tus investigaciones posteriores en la etimología, traducción e historia de cada palabra.

Para cada *Vocabulario* se han tomado las acepciones más importantes de cada palabra, sin pretender abarcar todos sus significados ni sus múltiples sinónimos en español, aun así, en las ocasiones en que ellas poseen varios campos semánticos esenciales se utiliza la barra inclinada (/) para separar cada campo semántico y así presentar sus diferentes significados; por ejemplo, en אָדָם: Adán / hombre, humanidad, para el caso de los sustantivos y en אוה: *piel:* desear; *hithpael:* desear / *hithpael:* marcar, para el caso de los verbos.

Los nombres propios se diferencian, a lo largo del *Vocabulario*, mediante su mayúscula inicial, tal como en אַבְרָהָם: Abrahán y en las ocasiones en que un nombre propio tiene un significado etimológico se ha incluido tal significado entre paréntesis y comillas tal como en: אֲבִישַׁי: Abisha ("mi padre es Isaí").

Se ha preferido usar los nombres propios o de lugares y ciudades en español y no sus transliteraciones, por ejemplo, en אֱדוֹם: Edom y se indica la pronunciación más cercana, las abreviaturas se han reducido a lo mínimo:

desc.	descendiente
fem.	feminino
hab.	habitante
hebr.	hebreo
isr.	israelita, israelitas, Israel
mas.	masculino
ord.	ordinal
Palm.	Palmira
pl.	plural
prob.	probablemente
sing.	singular

Este *Vocabulario* trata de ser lo más sencillo y práctico y su uso supone un conocimiento básico de las características y la gramática de las lenguas hebrea y aramea, por lo cual es un gran acompañante en tu proceso de aprendizaje de la lengua hebrea, tu lectura de la Biblia y base para la traducción o interpretación de los textos Sagrados.

Vocabulario hebreo/arameo-español

אָ	el sufijo del artículo arameo
אָב	padre, antepasado, ancestro
אבד	*qal:* perecer; *piel:* destruir; *hiphil:* destruir
אבה	*qal:* estar dispuesto
אֲבִיָּה	Abías ("Yah es mi padre")
אֶבְיוֹן	necesitado, pobre
אֲבִימֶלֶךְ	padre es rey, nombre filisteo, también nombre Isr.
אֲבִישַׁי	Abisha ("mi padre es Isaí")
אֶבְיָתָר	el grande es padre, sacerdote Isr.
אבל	*qal:* llorar; *hiphil:* hacer llorar; *hithpael:* llorar
אֵבֶל	luto
אֶבֶן	piedra
אַבְנֵר	mi padre es lámpara, nombre Isr.

אַבְרָהָם	Abrahán
אַבְרָם	padre exaltado, el nombre original de Abraham
אַבְשָׁלוֹם	Absalón
אֱדוֹם	Edom
אָדוֹן	Señor
אֱדַיִן	entonces
אַדִּיר	majestuoso
אָדָם	Adán / hombre, humanidad
אֲדָמָה	tierra
אֶדֶן	base, pedestal
אהב	*qal:* amar; *niphal:* amado; *piel:* a los amantes
אַהֲבָה	amor (sustantivo)
אֹהֶל	carpa
אַהֲרֹן	Aaron
אוה	*piel:* desear; *hithpael:* desear / *hithpael:* marcar
אֱוִיל	tonto
אוּלַי	quizás / Ulai, río de Elam
אוּלָם	pero, pero de hecho / Ulam

אִוֶּלֶת	locura
אָוֶן	problemas, tristeza, maldad
אוּר	*qal:* volverse ligero; *niphal:* estar encendido; *hiphil:* hacer brillar
אוּרִיָּה	llama de Yah, el nombre de hitita y de dos Isr.
אוֹ	o
אוֹי	¡aflicción!
אוֹפָן	rueda
אוֹצָר	tesoro, tienda, tesoro, almacén
אוֹר	luz
אוֹת	señal
אָז	en ese tiempo
אָזֵן	*hiphil:* escuchar / *piel:* pesar
אֹזֶן	oreja
אָח	¡ah !, ¡ay! / hermano / olla de fuego, brasero
אַחְאָב	Acab ("hermano del padre")
אֶחָד	uno, otro
אָחוֹר	la parte trasera, parte de atrás
אָחוֹת	hermana

אָחַז	*qal:* agarrar; *niphal:* poseer, atrapar; *piel:* encerrar; *hophal:* sujetar
אָחָז	Acaz ("se ha aferrado")
אֲחֻזָּה	posesión
אֲחַזְיָהוּ	Ocozías
אֲחִיקָם	Ahikam
אֲחִיתֹפֶל	consejero de David
אַחַר	después, detrás
אַחֵר	otro
אַחֲרוֹן	viniendo detrás
אַחֲרִית	la parte posterior, final
אֲחַשְׁוֵרוֹשׁ	rey de Persia
אֵי	¿dónde?
אִי	no / ¡ay! / chacal / costa, región
אֹיֵב	enemigo
אֵיד	angustia, calamidad
אַיֵּה	¿dónde?
אִיּוֹב	patriarca
אִיזֶבֶל	Jezabel

אֵיךְ	¿cómo?
אַיִל	líder, jefe / carnero / pilar o pilastra saliente / terebinto
אֵילָם	atrio
אַיִן	nada / ¿de dónde?
אֵיפָה	efah (medida de grano)
אִישׁ	hombre, persona, marido, humanidad
אִיתָמָר	tierra de palmeras, hijo de Aarón
אֵיתָן	Ethan / perenne, siempre fluida, permanencia
אָכִישׁ	rey de Gat
אכל	*hiphil:* hacer comer; *qal:* comer, devorar; *niphal:* ser comido; *qalp:* ser consumido
אֹכֶל	comida
אַךְ	seguramente, sin embargo
אַל	no, nada
אֶל	a, en, hacia
אֵל	Dios, en pl. dioses / estos
אָלָה	juramento
אֱלָהּ	Dios

אֵלָה	terebinto / Ela
אֵלֶּה	estas
אֱלֹהִים	dios
אַלּוּף	jefe, quiliarca
אֱלוֹהַּ	Dios
אֱלִיאָב	Dios es padre, el nombre de varios Isr.
אֵלִיָּהוּ	Elías
אֱלִיל	insuficiencia, inutilidad
אֱלִישָׁע	Eliseo ("Dios es salvación")
אַלְמָנָה	viuda
אֶלְעָזָר	Eleazar ("Dios ha ayudado")
אֶלֶף	ganado, buey / mil
אֶלְקָנָה	Elcanah
אִם	Si
אֵם	madre
אָמָה	criada, sirvienta
אַמָּה	codo
אֱמוּנָה	firmeza, constancia, fidelidad

אָמוֹן	Amón / artífice, arquitecto, maestro obrero
אמַן	*qal:* nutrir; *niphal:* por confirmar; *hiphil:* creer
אָמֵן	de verdad
אַמְנוֹן	Amnón
אמץ	*hiphil:* ser fuerte; *qal:* ser fuerte; *piel:* hacer firme; *hithpael:* fortalecerse
אֲמַצְיָהוּ	Amasías
אמר	*qal:* decir; *niphal:* ser dicho, llamado; *hiphil:* confesar; *hithpael:* jactarse
אמַר	*peal:* decir, contar
אֵמֶר	discurso, palabra
אִמְרָה	expresión, habla, palabra
אֱמֹרִי	Amorreos
אֱמֶת	firmeza, fidelidad, verdad
אָן	¿dónde? ¿Adónde?
אֱנוֹשׁ	hombre, humanidad / Enós
אֲנַחְנוּ	nosotros
אֲנִי	Yo (pronombre en primera persona)
אֳנִיָּה	barco

אָנֹכִי	Yo (pronombre en pri7mera persona)
אֱנָשׁ	hombre, humanidad
אַנְתְּ	tú
אָסָא	Asa
אסף	*qal:* reunir; *niphal:* ensamblar; *piel:* juntar; *pual:* ser recogido; *hithpael:* reunirse
אָסָף	recolector, el nombre de varios Isr.
אסר	*qal:* atar; *niphal:* estar atado; *qalp:* ser tomado como prisionero
אֶסְתֵּר	Esther ("estrella")
אַף	también, sí / fosa nasal, nariz, cara, ira
אֵפֹד	efod
אֶפֶס	cese
אֵפֶר	despojos mortales
אֶפְרַיִם	hijo de José, también su desc. y su territorio
אֶצְבַּע	dedo, dedo del pie
אֵצֶל	al lado, cerca
ארב	*qal:* estar al acecho; *piel:* a los mentirosos; *hiphil:* estar al acecho
אַרְבֶּה	(especie de) langosta

אַרְבַּע	cuatro
אַרְגָּמָן	morado, rojo-morado
אָרוֹן	cofre, arca
אֶרֶז	cedro
אֹרַח	camino
אֲרִי	león
אַרְיֵה	león
ארך	*qal:* ser largo; *hiphil:* prolongar
אֹרֶךְ	longitud
אֲרָם	Siria y sus habitantes, también los nombres de hijo de Sem, nieto de Nacor e Isr.
אַרְמוֹן	ciudadela
אַרְנוֹן	Arnón
אֲרַע	tierra
אֶרֶץ	tierra
ארר	*qal:* maldecir; *niphal:* maldito; *piel:* maldecir; *qalp:* ser maldecido
אֵשׁ	fuego
אִשָׁה	mujer, esposa

אִשֶּׁה	ofrenda hecha por fuego
אַשּׁוּר	Asur, segundo hijo de Sem; Asiria
אשם	*qal:* ofender; *niphal:* ser castigado; *hiphil:* declarar culpable
אָשָׁם	ofensa, culpa
אָשֵׁר	Asher ("feliz")
אֲשֶׁר	quien, cual, eso, porque, cuando, desde
אֲשֵׁרָה	Ashera, diosa fenicia
אַשְׁרֵי	feliz, bendito el que
אַתְּ	tú (fem. sing.)
אֵת	con (que denota proximidad) / reja, arado / marca intraducible del caso acusativo
אתה	*qal:* venir; *hiphil:* traer
אַתָּה	tú (masc. sing.)
אָתוֹן	burra
אַתֶּם	ustedes (masc. pl.)

בְּ	en, a, por, con, entre
בְּאֵר	pozo, fosa
בְּאֵר שֶׁבַע	pozo de siete, lugar en el Negev
בָּבֶל	Babel, Babilonia
בגד	*qal:* actuar sin fe
בֶּגֶד	prenda que cubre / traición
בַּד	separación, parte / lino blanco / charla vacía y ociosa
בדל	*niphal:* separarse a sí mismo; *hiphil:* dividir
בהל	*niphal:* ser molestado; *piel:* apresurarse, consternación; *pual:* apresurarse; *hiphil:* desanimar, apresurar
בְּהֵמָה	bestia, animal, ganado
בוא	*qal:* entrar; *hiphil:* traer; *hophal:* ser traído

בּוֹשׁ	*qal:* estar avergonzado; *polel:* retrasar; *hiphil:* avergonzar; *hothpaal:* avergonzar
בּוֹר	pozo, cisterna
בַּז	estropear, robo, botín
בּזה	*qal:* despreciar; *niphal:* despreciar; *hiphil:* causar odio
בזז	*qal:* saquear; *niphal:* ser saqueado; *qalp:* tomar como botín
בָּחוּר	hombre joven
בחן	*qal:* examinar, probar; *niphal:* ser juzgado; *pual:* a juicio hecho
בחר	*qal:* elegir; *niphal:* ser elegido; *pual:* ser elegido
בטח	*qal:* confiar; *hiphil:* hacer confiar
בֶּטַח	seguridad / Betah, lugar en Aram (Siria)
בֶּטֶן	vientre, cuerpo, útero
בין	*qal:* discernir; *niphal:* discernir; *hiphil:* comprender; *hothpaal:* entender
בֵּין	intervalo, espacio entre
בִּינָה	comprensión
בֵּית	casa, lugar de vivienda
בֵּית־אֵל	Betel

בֵּית לֶחֶם	lugar de pan, ciudad en Judá, también ciudad en Zabulón
בֵּית שֶׁמֶשׁ	Bet-Shemesh
בכה	*qal:* llorar; *piel:* lamentarse
בְּכִי	llanto
בְּכֹר	primogénito
בַּל	no
בְּלִי	vacío, nada, sin
בְּלִיַּעַל	inutilidad
בלל	*qal:* mezclarse, mezclar; *hothpaal:* mezclarse uno mismo; *hiphil:* desvanecerse / *qal:* dar alimento
בלע	*qal:* tragar; *niphal:* tragar; *piel:* tragar; *pual:* ser tragado; *hithpael:* estar arruinado
בִּלְעָם	Balaam
בָּלָק	devastador, rey moabita
בִּלְתִּי	no, excepto
בָּמָה	lugar alto
בֵּן	hijo, descendiente
בנה	*qal:* construir; *niphal:* ser construido
בֶּן־הֲדַד	Ben-hadad

בְּנָיָהוּ	Benaiah ("Yah ha edificado")
בִּנְיָמִן	Benjamín
בַּעַד	lejos de, detrás, sobre, en nombre de
בֹּעַז	Booz ("rapidez")
בַּעַל	dueño, Señor / Baal, dios pagano
בער	*qal:* quemar; *piel:* quemar, consumir; *pual:* quemar; *hiphil:* hacer arder / *qal:* ser estúpido; *niphal:* ser estúpido; *piel:* pastar; *hiphil:* ser pastado
בַּעְשָׁא	Baasha
בָּצוּר	inaccesible, inexpugnable
בֶּצַע	ganancia obtenida por la violencia, ganancia injusta, ganancia
בקע	*pual:* ser rasgado; *hiphil:* irrumpir; *hophal:* ser forzado; *qal:* partir, romper; *niphal:* estar hendido; *piel:* cortar en pedazos; *hithpael:* reventar abierto
בָּקָר	ganado, manada, buey
בֹּקֶר	mañana
בקשׁ	*piel:* buscar; *pual:* ser buscado
בַּר	puro, limpio / hijo / grano, maíz / hijo / campo abierto
ברא	*qal:* crear; *niphal:* ser creado; *piel:* cortar / *hiphil:* hacer grasa

בָּרָד	granizo
בָּרוּךְ	Baruch
בְּרוֹשׁ	ciprés o abeto
בַּרְזֶל	hierro
ברח	*qal:* atravesar, huir; *hiphil:* hacer huir
בְּרִיחַ	cerrojo, tranca
בְּרִית	pacto
ברך	*qal:* arrodillarse, bendecir; *piel:* bendecir; *pual:* ser bendecido; *hiphil:* hacer arrodillarse; *hithpael:* bendecirse a uno mismo; *niphal:* bendecirse a uno mismo
בְּרָכָה	bendición
בֶּרֶךְ	rodilla
בָּרָק	rayo
בֹּשֶׂם	especia, bálsamo, el árbol de bálsamo
בשׂר	*piel:* llevar noticias; *hithpael:* recibir noticias
בָּשָׂר	carne
בשל	*qal:* hervir, cocinar; *piel:* hervir, cocinar; *pual:* hervir; *hiphil:* madurar
בָּשָׁן	suave, región al E. del Jordán

בֹּשֶׁת	vergüenza
בַּת	hija / baño (medida heb.)
בְּתוּלָה	virgen

גָּאוֹן	exaltación
גאל	*qal:* redimir; *niphal:* ser redimido / *hiphil:* contaminar; *hithpael:* contaminarse uno mismo; *niphal:* estar contaminado; *piel:* contaminar; *pual:* ser profanado
גבה	*qal:* estar alto; *hiphil:* hacer alto, exaltar
גָּבֹהַ	alto, exaltado
גְּבוּל	frontera, límite, territorio
גְּבוּרָה	fuerza, poder
גִּבּוֹר	fuerte, poderoso
גִּבְעָה	colina
גִּבְעוֹן	Gabaón
גבר	*hithpael:* comportarse con orgullo; *qal:* ser fuerte; *piel:* fortalecer; *hiphil:* confirmar
גֶּבֶר	hombre

גֶּבֶר	hombre
גַּג	techo, azotea
גָּד	hijo de Jacob, también su tribu y su territorio, también profeta
גְּדוּד	banda, tropa / surco
גָּדוֹל	grande
גדל	*qal:* ser grande, crecer; *piel:* hacer crecer; *pual:* criar; *hiphil:* hacer grande; *hithpael:* magnificarse
גְּדַלְיָהוּ	Gedalías
גדע	*pual:* ser cortado; *qal:* cortar en dos; *niphal:* ser cortado; *piel:* cortar
גִּדְעוֹן	Gedeón
גוע	*qal:* expirar, morir
גור	*qal:* permanecer; *hothpaal:* morar / *qal:* provocar, pelear; *hothpaal:* excitarse a uno mismo / *qal:* temer
גּוֹי	nación, gente, pagano
גוֹלָה	exiliados, exilio
גּוֹרָל	suerte, lote, destino
גזל	*qal:* arrancar, robar; *niphal:* ser robado
גֵּיא	valle

גִּיל	*qal:* regocijarse
גַּל	montón, ola, oleaje
גַּלְגַּל	rueda
גלה	*pual:* estar descubierto; *hiphil:* llevar al exilio; *hophal:* llevar al exilio; *hithpael:* ser descubierto; *qal:* descubrir; *niphal:* descubrirse a sí mismo; *piel:* destapar
גִּלּוּל	ídolo
גלח	*piel:* afeitarse; *pual:* ser afeitado; *hithpael:* afeitarse
גִּלְעָד	Galaad
גַּם	también, además, sí
גמל	*qal:* repartir, madurar; *niphal:* ser destetado
גָּמָל	camello
גַּן	recinto, jardín
גנב	*pual:* ser robado; *hithpael:* robar; *qal:* robar; *niphal:* ser robado; *piel:* robar
גֶּפֶן	vid
גֵּר	peregrino, forastero, emigrante
גֹּרֶן	piso de trilla
גרע	*qal:* disminuir; *niphal:* ser retirado; *piel:* retirar

גרשׁ	*qal:* echar fuera; *niphal:* ser conducido; *piel:* expulsar; *pual:* ser expulsado
גֶּשֶׁם	lluvia, ducha
גַּת	lagar

ד

דָּבַק	*hophal:* hacer aferrarse; *qal:* aferrarse, aferrarse; *pual:* unirse; *hiphil:* hacer que se aferre
דָּבַר	*qal:* hablar; *niphal:* hablar con; *piel:* hablar; *pual:* ser hablado; *hithpael:* hablar; *hiphil:* liderar
דָּבָר	palabra, materia, cosa, habla
דֶּבֶר	pestilencia
דְּבַשׁ	miel
דָּגָן	maíz, grano (de cereales)
דְּהַב	oro
דָּוִד	David (prob. "Amado"), hijo de Isaí
דּוֹד	amado, amor, tío
דּוֹר	período, generación, vivienda
דַּי	suficiencia, suficiente
דִּי	quien, cual, eso, porque

דִּין	*qal:* juzgar; *niphal:* estar en conflicto
דִּין	juicio
דַּל	bajo, débil, pobre, delgado
דֶּלֶת	puerta
דָּם	sangre
דָּמָה	*qal:* ser como; *piel:* comparar, pensar; *hithpael:* hacerse a uno mismo como / *qal:* cesar, cortar; *niphal:* ser cortado
דְּמוּת	semejanza, semejanza
דָּמַם	*qal:* estar en silencio; *niphal:* hacer silencio; *poel:* silenciar; *hiphil:* silenciar
דִּמְעָה	lágrimas
דַּמֶּשֶׂק	Damasco, ciudad en Aram (Siria)
דָּן	Dan
דְּנָה	esto, esta
דָּנִיֵּאל	Daniel ("Dios es mi juez")
דָּנִיֵּאל	"Dios es mi juez", el nombre de varios Isr. / "Dios es mi juez", Isr. líder en Bab.
דַּעַת	conocimiento
דָּרַךְ	*qal:* pisar, marchar; *hiphil:* pisar, conducir
דֶּרֶךְ	camino, camino, distancia, viaje, manera

דָּרַשׁ   *qal:* recurrir a, buscar; *niphal:* ser buscado

דָּת   decreto, ley

הַ	artículo determinativo
הֲ	y, si (partícula interrogativa)
הֶבֶל	vapor, aliento / Abel
הגה	*qal:* gemir, pronunciar; *poel:* hablar; *hiphil:* murmurar / *qal:* quitar
הֲדַדְעֶזֶר	Hadadezer
הָדָר	adorno, honor, esplendor
הוּא	él, él mismo; ese
הוה	*peal:* convertirse, ser
הוֹד	esplendor, majestad, vigor / Hod
הוֹי	¡ah !, ¡ay !, ¡ja!
הוֹן	riqueza, suficiencia
הִיא	ella

הָיָה	*qal:* ser, convertirse; *niphal:* por hacer
הֵיכָל	palacio, templo
הִין	hin (medida líquida, 3.66 litros o 7.5 litros)
הלך	*hithpael:* caminar de un lado a otro; *hiphil:* conducir, traer; *qal:* caminar, ir; *niphal:* irse; *piel:* caminar
הלל	*qal:* ser jactancioso; *piel:* alabar; *pual:* ser alabado; *hothpaal:* actuar locamente; *hithpael:* gloria; *poel:* hacerse el tonto; poal: engañar / *qal:* brillar; *hiphil:* destellar
הֵם	ellos, estos, lo mismo
המזה	*qal:* gruñir, murmurar
הָמוֹן	sonido, murmullo, rugido, multitud, abundancia
הָמָן	Amán
הֵן	¡he aquí! ¡Mirad! / ellos
הִנֵּה	he aquí ¡Mirad!
הֵנָּה	ellos, allí / aquí
הפך	*qal:* girar, volcar; *niphal:* volverse uno mismo; *hithpael:* girar en todos los sentidos; *hophal:* estar encendido
הַר	montaña, colina
הַרְבֶּה	mucho, muchos

הָרַג	*qal:* matar; *niphal:* ser asesinado; *qalp:* ser asesinado
הָרָה	*qal:* concebir; *qalp:* ser concebido; *poel:* concebir
הָרַס	*qal:* derribar; *niphal:* ser arrojado; *piel:* derribar

וֹ

וְ   y, entonces, cuando, ahora, o, pero, que

זְבוּלוּן	Zabulón, hijo de Jacob, también su desc. y su territorio
זבח	*qal:* matar; *piel:* sacrificar
זֶבַח	sacrificio / rey madianita
זֶה	esto, estos, tal
זָהָב	oro
זהר	*hiphil:* enseñar; *niphal:* ser amonestado / *hiphil:* brillar
זוב	*qal:* fluir, brotar
זַיִת	olivo, oliva
זכר	*qal:* recordar; *niphal:* ser recordado; *hiphil:* hacer recordar
זָכָר	masculino
זֵכֶר	recuerdo, memorial
זִכָּרוֹן	memorial, recuerdo

זְכַרְיָה	Zacarías
זִמָּה	plan, dispositivo, maldad / nombre Isr.
זמר	*piel:* hacer música / *qal:* podar; *niphal:* ser podado
זנה	*qal:* actuar como ramera; *qalp:* prostituirse; *hiphil:* cometer prostitución
זֹנָה	prostituta, ramera
זנח	*qal:* rechazar; *hiphil:* rechazar / *hiphil:* apestar
זַעַם	indignación
זעק	*qal:* llamar, gritar; *niphal:* ensamblar; *hiphil:* llamar juntos
זקן	*qal:* ser viejo; *hiphil:* envejecer
זָקֵן	antiguo
זָר	extraño, peculiar
זְרֻבָּבֶל	Zorobabel
זרה	*qal:* esparcir; *niphal:* ser esparcido; *piel:* esparcir; *pual:* estar esparcido
זְרוֹעַ	brazo, hombro, fuerza
זֶרַח	amanecer, brillante / Zerah
זרע	*hiphil:* producir semilla; *qal:* sembrar; *niphal:* ser sembrado; *qalp:* ser sembrado
זֶרַע	siembra, semilla, descendencia

זרק   *qal:* arrojar, esparcir; *qalp:* ser rociado

חבא	*niphal:* esconderse; *pual:* estar escondido; *hiphil:* esconderse; *hophal:* estar escondido; *hithpael:* esconderse
חבל	*qal:* unir; *niphal:* ser comprometido; *piel:* retorcerse, dolores de parto / *pual:* arruinarse; *qal:* actuar corruptamente; *niphal:* arruinarse; *piel:* arruinar, destruir
חֶבֶל	cordón, territorio, banda / destrucción
חבר	*qal:* unir; *piel:* unir; *pual:* unirse; *hiphil:* unirse; *hithpael:* unirse
חֶבְרוֹן	Hebrón
חבש	*qal:* unir; *piel:* unir; *pual:* estar atado
חַג	fiesta, fiesta, fiesta de peregrinos
חגר	*qal:* ceñir
חדל	*qal:* cesar; *hophal:* hacer cesar
חֶדֶר	cámara, habitación

חָדָשׁ	nuevo
חֹדֶשׁ	luna nueva, mes
חוה	*qal:* inclinarse; *hiphil:* deprimir; *hishtahpel:* inclinarse / *piel:* declarar
חִוִּי	Hevitas
חוּס	*qal:* compadecer
חוּץ	el exterior, calle
חוּשׁ	*qal:* apresurarse; *hiphil:* mostrar prisa / *qal:* sentir, disfrutar
חוֹל	arena
חוֹמָה	pared
חֲזָאֵל	Hazael
חזה	*peal:* ver, he aquí
חזה	*qal:* ver
חָזוֹן	visión
חזק	*hithpael:* fortalecerse a sí mismo; *qal:* ser fuerte; *piel:* fortalecer; *hiphil:* hacer firme, agarrar
חָזָק	fuerte, robusto, poderoso
חִזְקִיָּהוּ	Ezequías
חטא	*qal:* pecar; *piel:* purificar; *hiphil:* hacer pecar; *hithpael:* purificarse uno mismo;

חֵטְא	error, pecado, culpa
חַטָּאת	pecado, ofrenda por el pecado
חִטָּה	trigo
חַי	vivo
חיה	qal: vivir; piel: conservar, revivir; hiphil: preservar
חַיָּה	ser vivo, animal / comunidad
חַוָּה	bestia
חיל	qal: bailar, retorcerse; polel: bailar, retorcerse; polal: nacer, retorcerse; hithpalpel: retorcerse; hiphil: causar temblores; hophal: nacer; hothpaal: girar, retorcerse / qal: ser firme
חַיִל	poder, fuerza, riqueza, ejército
חִיצוֹן	externo
חֵיק	seno
חִירוֹם	Hiram
חכם	qal: ser sabio; piel: hacer sabio; pual: hacer sabio; hiphil: hacer sabio; hithpael: mostrarse sabio
חָכָם	sabio
חָכְמָה	sabiduría
חָלָב	leche

חֵלֶב	grasa
חלה	*qal:* estar débil, enfermo; *niphal:* enfermarse; *piel:* enfermar; *hophal:* enfermarse; *pual:* debilitarse; *hithpael:* enfermarse a sí mismo; *hiphil:* enfermar / *piel:* pacificar, suplicar
חֲלוֹם	sueño
חַלּוֹן	ventana
חֳלִי	enfermedad
חָלִיל	flauta, pipa
חלל	*niphal:* contaminarse uno mismo; *piel:* contaminar; *pual:* profanar; *hiphil:* empezar, profano; *hophal:* comenzar / *poel:* perforar; *poal:* perforado; *qal:* perforar; *piel:* herir; *pual:* perforar / *qal:* tocar la pipa; *piel:* tocar la pipa
חָלָל	profanado / traspasado
חלם	*qal:* soñar; *hiphil:* soñar / *qal:* estar sano; *hiphil:* hacer saludable
חֵלֶם	sueño / "fuerza"
חלף	*qal:* transmitir; *piel:* cambiar; *hiphil:* cambiar
חלץ	*qal:* retirar; *niphal:* ser entregado; *piel:* entregar / *qal:* equipar; *niphal:* estar equipado; *hiphil:* vigorizar
חלק	*qal:* dividir, compartir; *niphal:* dividirse; *piel:* dividir; *pual:* dividirse; *hithpael:* dividir para uno mismo; *hiphil:* recibir la porción / *qal:* ser suave; *hiphil:* suavizar

חֵלֶק	Helek, galadita / suavidad, seducción / porción, extensión, territorio
חֶלְקָה	porción (de tierra) / parte lisa, tersa, halagos
חָם	suegro/ Ham
חמד	*qal:* desear; *niphal:* deseable; *piel:* deleitar mucho
חֵמָה	calor, rabia
חֲמוֹר	asno
חֲמִישִׁי	quinto
חמל	*qal:* escatimar
חמם	*qal:* estar caliente; *niphal:* inflamarse a uno mismo; *piel:* mantener el calor; *hithpael:* calentarse
חָמָס	violencia, mal
חֹמֶר	montón / cemento, mortero, arcilla / homer (medida: 220 litros o 394 litros)
חָמֵשׁ	cinco
חֲמָת	Hamat
חֵן	favor, gracia
חנה	*qal:* declinar, acampar
חֲנִית	lanza
חָנֵם	caído en desgracia

חָנַן	*poel:* dirigir el favor a; *qalp:* ser favorecido; *hithpael:* buscar favor; *qal:* mostrar favor; *niphal:* tener lástima; *piel:* agradar / *qal:* ser repugnante
חֲנַנְיָה	Hananiah ("Yah ha sido misericordioso")
חֶסֶד	bondad, amabilidad
חָסָה	*qal:* buscar refugio
חָסִיד	amable, piadoso
חָסֵר	*qal:* carecer; *piel:* hacer faltar; *hiphil:* causar falta
חָפֵץ	*qal:* deleitarse en / *qal:* inclinarse
חֵפֶץ	deleite, placer
חָפַר	*qal:* cavar, buscar / *qal:* avergonzarse; *hiphil:* mostrar vergüenza
חִפֵּשׂ	*pual:* ser buscado; *hithpael:* disfrazarse; *qal:* buscar; *niphal:* buscar; *piel:* buscar
חֵץ	flecha
חֲצִי	medio
חָצִיר	pasto verde, pasto / morada establecida, refugio
חֲצֹצְרָה	trompeta
חָצֵר	domicilio establecido, asentamiento, aldea / recinto, tribunal
חֹק	algo prescrito o adeudado, estatuto

חֻקָּה	algo prescrito, promulgación, estatuto
חָקַר	*qal:* buscar; *niphal:* ser buscado; *piel:* buscar
חֹר	noble / hueco
חרב	*qal:* secarse; *pual:* secar; *hiphil:* secarse / *qal:* atacar; *niphal:* atacarse a uno mismo; *hophal:* ser destruido / *qal:* ser desperdicio; *niphal:* desolar; *hiphil:* desolar; *hophal:* arrasar
חֶרֶב	espada
חָרְבָּה	desperdicio, desolación, ruina
חרד	*qal:* temblar; *hiphil:* aterrorizar
חרה	*hithpael:* contender ardientemente; *qal:* encender, quemar; *niphal:* estar enojado; *hiphil:* quemar
חָרוּץ	oro / trinchera, foso / afilado, diligente / decisión estricta / Haruz
חָרוֹן	(incendio / ira
חרם	*hiphil:* prohibir, destruir; *hophal:* ser prohibido / *qal:* cortar
חֵרֶם	red / cosa devota, devoción, prohibición
חרף	*qal:* reprochar; *piel:* reprochar / *qal:* pasar la cosecha / *niphal:* adquirir
חָרְפָּה	insulto, infamia, objeto de burla
חרשׁ	*qal:* callar, sordo; *hiphil:* estar en silencio; *hithpael:* callar / *qal:* grabar, arar; *niphal:* ser arado; *hiphil:* idear

חָרָשׁ	grabador, artífice
חָשַׂךְ	*qal:* retener; *niphal:* ser ahorrado
חָשַׁב	*hithpael:* contarse a sí mismo; *qal:* pensar, idear; *niphal:* ser pensado; *piel:* idear
חֶשְׁבּוֹן	Hesbón, lugar al E. del Jordán / ajuste de cuentas, cuenta
חֹשֶׁךְ	oscuridad
חֹשֶׁן	pectoral
חִתִּי	desc. de Heth
חתם	*hiphil:* sellar; *qal:* sellar; *niphal:* sellar; *piel:* sellar
חָתָן	esposo, novio
חֹתֵן	suegro
חתת	*hiphil:* desanimar; *qal:* ser destrozado; *niphal:* estar consternado; *piel:* consternación

ט

טַבָּח	cocinero, guardaespaldas
טַבַּעַת	anillo con sello, anillo, sello
טָהוֹר	limpio, puro
טהר	*qal:* estar limpio, puro; *piel:* limpiar; *pual:* limpiarse; *hithpael:* purificarse
טוב	*qal:* ser agradable; *hiphil:* hacerlo bien
טוּב	cosas buenas, bienes, bondad
טוּר	montaña / fila
טוֹב	algo bueno, beneficio, bienestar / agradable, bueno
טוֹבָה	bienestar, beneficio, cosas buenas
טַל	niebla nocturna, rocío
טמא	*qal:* volverse inmundo; *niphal:* contaminarse uno mismo; *piel:* profanar; *pual:* estar contaminado; *hithpael:* contaminarse uno mismo; *hothpaal:* ser profanado

טְמָא	impureza, contaminación
טֻמְאָה	inmundicia
טָמַן	*qal:* esconder; *niphal:* esconderse; *hiphil:* esconder
טַעַם	gusto, juicio, comando
טַף	niños
טֶרֶם	todavía no, antes de eso
טָרַף	*hiphil:* devorar; *qal:* rasgar; *qalp:* ser desgarrado; *niphal:* ser rasgado
טֶרֶף	presa, comida, hoja

י

יָאַל	*hiphil:* estar dispuesto / *niphal:* actuar tontamente
יְאֹר	arroyo (del Nilo), arroyo, canal
יֹאשִׁיָּהוּ	contrafuerte / Yahvé
יְבוּסִי	Jebuseo
יָבֵשׁ	*qal:* estar seco; *piel:* hacer secar; *hiphil:* hacer secar
יָבֵשׁ	Jabesh / seco
יָגַע	*qal:* trabajar duro, cansarse; *piel:* cansar; *hiphil:* hacer trabajar duro
יָד	mano
יָדָה	*hithpael:* confesar; *qal:* disparar; *piel:* fundir; *hiphil:* alabar
יְדוּתוּן	líder de coro del templo
יְדַע	*peal:* saber; *haph:* informar
יָדַע	*qal:* conocer; *niphal:* darse a conocer; *piel:* hacer saber; *poel:* hacer saber; *pual:* ser conocido; *hiphil:*

	declarar; *hophal:* darse a conocer; *hithpael:* darse a conocer
יָהּ	el nombre del Dios de Israel
יהב	*peal:* dar; *peil:* dar; *hishtapael:* ser dado
יהב	*qal:* dar
יֵהוּא	Jehú ("el Señor es")
יְהוּדָה	Judá (prob. "Alabado")
יְהוּדִי	judío
יהוה	Yahvé, Jehová, Señor
יְהוֹאָחָז	Joacaz ("Yah ha agarrado")
יְהוֹיָדָע	Joiada ("el Señor sabe")
יְהוֹיָקִים	Joacim ("el Señor levanta")
יְהוֹנָתָן	Jonatán (el Señor ha dado)
יְהוֹרָם	Joram ("el Señor es exaltado")
יְהוֹשׁוּעַ	Joshua
יְהוֹשָׁפָט	Josafat ("el Señor ha juzgado")
יוֹאָב	Joab ("el Señor es padre")
יוֹאָשׁ	Joás
יוֹבֵל	carnero, cuerno de carnero (instrumento de viento)

יוֹחָנָן	Johanan
יוֹם	día, hora
יוֹמָם	de día
יוֹנָה	paloma / Jonás
יוֹנָתָן	Jonathan
יוֹסֵף	Joseph (aumenta), hijo de Jacob, también el nombre de varios Isr.
יוֹעֵץ	consejero
יוֹרָם	Joram
יוֹתָם	Jotam ("el Señor es perfecto")
יִזְרְעֶאל	Jezreel
יַחַד	unión
יַחְדָּו	juntos
יְחִזְקִיָּהוּ	Ezequías
יחל	*niphal:* esperar; *piel:* esperar; *hiphil:* esperar
יחשׂ	*hithpael:* estar registrado
יטב	*qal:* ser bueno; *hiphil:* hacer el bien
יַיִן	vino

יכח	*hiphil:* decidir, reprender; *hophal:* ser castigado; *niphal:* discutir; *hithpael:* discutir
יכל	*qal:* poder
ילד	*qalp:* nacer; *hiphil:* engendrar; *hophal:* nacer; *qal:* llevar, engendrar; *niphal:* nacer; *piel:* llevar, entregar; *hithpael:* ser registrado
יֶלֶד	niño, hijo, juventud
ילל	*hiphil:* aullar
יָם	mar
יָמִין	mano derecha
יְמָנִי	mano derecha, derecha
יסד	*pual:* ser fundado; *hophal:* ser fundado; *qal:* establecer; *niphal:* sentarse juntos; *piel:* fundar, establecer
יסף	*qal:* sumar, aumentar; *niphal:* unirse a; *hiphil:* agregar, hacer de nuevo
יסר	*qal:* disciplinar; *niphal:* por corregir; *piel:* corregir, castigar; *nith:* ser disciplinado; *hiphil:* castigar
יעד	*hophal:* ser puesto, estar fijo; *qal:* nombrar; *niphal:* reunir; *hiphil:* nombrar, convocar
יעל	*hiphil:* lucrar, beneficiar
יַעַן	a causa de, porque
יעץ	*qal:* aconsejar, aconsejar; *niphal:* consultar; *hithpael:* conspirar

יַעֲקֹב	Jacob, hijo de Isaac
יַעַר	madera, bosque, matorral / panal
יָפֶה	justo, hermoso
יִפְתָּח	Jefté
יָצָא	*qal:* salir; *hiphil:* sacar; *hophal:* ser sacado
יָצַב	*hithpael:* ponerse de pie
יִצְהָר	aceite nuevo / Izhar
יִצְחָק	Isaac ("se ríe"), hijo de Abraham y Sara
יָצַק	*qal:* derramar, echar; *hiphil:* verter; *hophal:* ser vertido, firme
יָצַר	*qal:* formar, crear; *niphal:* formarse; *qalp:* formarse
יָצַת	*qal:* encender; *niphal:* encender; *hiphil:* encender
יָקָר	precioso, raro, espléndido, pesado
יָרֵא	*qal:* temer; *niphal:* ser temido; *piel:* aterrorizar / *qal:* disparar con flechas; *hiphil:* disparar; *hophal:* ser regado
יָרֵא	temer
יִרְאָה	miedo
יָרָבְעָם	Jeroboam ("la gente aumenta")
יָרַד	*qal:* bajar; *hiphil:* derribar; *hophal:* ser conducido hacia abajo

יַרְדֵּן	Jordán, el río principal de Pal.
יָרה	*qal:* lanzar, disparar; *niphal:* ser fusilado; *hiphil:* disparar, enseñar / *qal:* tener miedo
יְרוּשָׁלַם יְרוּשָׁלֵם	Jerusalén
יָרֵחַ	luna
יְרִחוֹ	ciudad en el Valle del Jordán capturada por Josué
יְרִיעָה	cortina
יַרְכָה	flanco, lado
יָרֵךְ	muslo, lomo, lateral, base
יִרְמְיָהוּ	Jeremías
יָרֹשׁ	*qal:* poseer, heredar; *niphal:* empobrecerse; *piel:* poseer; *hiphil:* poseer
יִשְׂרָאֵל	Israel ("Dios se esfuerza")
יִשָּׂשכָר	Isacar (prob. "Hay recompensa")
יֵשׁ	ser, sustancia, existencia, es
יָשַׁב	*qal:* sentarse, habitar; *niphal:* estar habitado; *piel:* acampar; *hiphil:* hacer habitar; *hophal:* estar habitado
יֵשׁוּעַ	Jeshua
יְשׁוּעָה	salvación

יִשַׁי	padre de David
יִשְׁמָעֵאל	Dios escucha, el nombre de varios Isr.
יֵשַׁע	*niphal:* ser salvo; *hiphil:* entregar, ahorrar
יֵשַׁע	salvación, liberación
יְשַׁעְיָהוּ	Isaías
יָשַׁר	*qal:* ser recto; *piel:* enderezar; *pual:* igualar; *hiphil:* enderezar
יָשָׁר	recto, derecho
יָתֵד	clavija, alfiler
יָתוֹם	Huérfano
יָתַר	*niphal:* quedarse, permanecer; *hiphil:* irse, sobra
יֶתֶר	cordón / resto, exceso, preeminencia

כְּ	como, en, según, después, cuando, si
כבד	*pual:* ser honrado; *hiphil:* hacer pesado; *hithpael:* hacerse pesado; *qal:* ser pesado; *niphal:* ser honrado; *piel:* honrar, embotar
כָּבֵד	pesado / hígado
כבה	*qal:* ser apagado; *piel:* extinguir
כָּבוֹד	abundancia, honor, gloria
כבס	*qal:* pisar; *piel:* lavar; *pual:* lavarse; *hothpaal:* ser lavado
כֶּבֶשׂ	Cordero
כֹּה	aquí, ahora, así
כהן	*piel:* actuar como sacerdote
כֹּהֵן	Sacerdote
כוּל	*hiphil:* contener; *qal:* comprender; *pilpel:* apoyar; *polpal:* a suministrar

כּוּן	*niphal:* por establecerse; *hiphil:* arreglar, preparar; *hophal:* por establecerse; *polel:* establecer; *polal:* por establecerse; *hothpaal:* por establecer
כּוּשׁ	Cush
כּוּשִׁי	cusita
כּוֹכָב	estrella
כּוֹס	(especie de) búho / taza
כָּזָב	mentira, falsedad, cosa engañosa
כֹּחַ	fuerza, poder / pequeño reptil (de especie desconocida)
כחד	*niphal:* esconderse, borrar; *piel:* esconderse; *hiphil:* esconder, borrar
כחשׁ	*qal:* adelgazar; *niphal:* encogerse; *piel:* engañar; *hithpael:* encogerse
כִּי	eso, porque, para, cuando
כִּיוֹר	olla, lavabo
כָּכָה	por lo tanto
כִּכָּר	ronda, distrito redondo, pan redondo, peso redondo, talento (medida de peso o dinero)
כֹּל	todo, cada, cada, el todo, cualquiera
כֹּל	el todo, todo
כָּלֵב	Caleb

כֶּלֶב	perro
כלה	*qal:* terminado, gastado; *piel:* completar, terminar; *pual:* estar terminado
כָּלָה	finalización, destrucción completa, consumo, aniquilación
כַּלָּה	nuera, novia
כְּלִי	artículo, utensilio, recipiente
כִּלְיָה	riñón
כלם	*niphal:* ser humillado; *hiphil:* humillar; *hophal:* ser humillado
כְּלִמָּה	insulto, reproche, ignominia
כְּמוֹ	al igual que
כֵּן	así, entonces, cuál / base, pedestal / correcto, verdadero, honesto / mosquito, mosquitos
כִּנּוֹר	lira
כנע	*niphal:* humillarse a uno mismo; *hiphil:* humillar, someter
כְּנַעַן	Canaán
כְּנַעֲנִי	comerciante, comerciante / cananeo
כָּנָף	ala, extremidad
כִּסֵּא	asiento de honor, trono

כָּסָה	*pual:* cubrirse; *hithpael:* cubrirse uno mismo; *qal:* ocultar; *niphal:* cubrirse; *piel:* cubrir
כְּסִיל	hombre estúpido, tonto
כֶּסֶף	plata, dinero
כַּעַס	*qal:* estar enojado, molesto; *piel:* irritar; *hiphil:* irritar, provocar
כַּעַס	vejación, ira
כַּף	hueco o plano de la mano, palma, planta (del pie), sartén
כְּפִיר	león, cachorro de león
כָּפַר	*piel:* cubrir, expiar; *pual:* ser expiado; *hithpael:* estar cubierto; *nith:* cubrir / *qal:* cubrir con tono
כַּפֹּרֶת	cubierta, tapa
כַּפְתּוֹר	pomo de candelabro, capitel de pilar / Caphtorim
כְּרוּב	Querubín
כֶּרֶם	viñedo
כַּרְמֶל	plantación, huerto, jardín
כָּרַע	*qal:* inclinarse; *hiphil:* hacer inclinarse
כָּרַת	*qal:* cortar, destruir; *niphal:* ser cortado; *qalp:* ser cortado; *hiphil:* cortar, destruir; *hophal:* ser cortado
כַּשְׂדִּים	Caldeos

כָּשַׁל	*hiphil:* hacer caer; *hophal:* ser derrocado; *qal:* tropezar, tambalearse; *niphal:* tropezar; *piel:* hacer caer
כתב	*qal:* escribir; *niphal:* ser escrito; *piel:* escribir
כֻּתֹּנֶת	túnica, prenda larga parecida a camisa, generalmente de lino
כָּתֵף	hombro, omóplato, lateral
כֹּתֶרֶת	capital (de pilar)

לְ	para, hacia, pertenecer a, con respecto a, de acuerdo con, en
לֹא לֹא	no
לֵאָה	Leah / cansado
לְאֹם	personas
לֵב לֵבָב	hombre interior, mente, voluntad, corazón
לְבוּשׁ	prenda, ropa, vestido
לָבָן	Labán
לְבֹנָה	incienso
לְבָנוֹן	cadena montañosa boscosa en la frontera norte de Isr.
לָבַשׁ	*qal:* ponerse, vestir; *pual:* vestirse; *hiphil:* vestir

לוּ	ojalá, tal vez
לוה	*qal:* unirse; *niphal:* unirse a uno mismo / *qal:* pedir prestado; *hiphil:* prestar
לוּחַ	tableta, tabla, plato
לֵוִי	Levi, hijo de Jacob
לוֹט	Lot, sobrino de Abraham / sobre, cubierta
לְחִי	Lehi / mandíbula, mejilla
לחם	*qal:* luchar; *niphal:* hacer la guerra / *qal:* comer, consumir
לֶחֶם	pan, comida
לַיְלָה	noche
לִין	acatar, albergar
לכד	*qal:* capturar; *niphal:* ser capturado; *hithpael:* mantener firme
לָכִישׁ	Laquis
למד	*qal:* aprender; *piel:* enseñar; *pual:* ser enseñado
לְמוֹ	para, para, hacia, pertenecer a, con respecto a, de acuerdo con, en
לְמַעַן	para que
לקח	*qal:* tomar; *niphal:* ser tomado; *qalp:* ser tomado; *hithpael:* contenerse a uno mismo

לָקַט	*hithpael:* reunirse a sí mismo; *qal:* recoger, recolectar; *piel:* juntar; *pual:* ser recogido
לָשׁוֹן	lengua
לִשְׁכָּה	habitación, cámara, pasillo, celda

מְאֹד	mucho, fuerza, abundancia
מֵאָה	ciento / torre en el muro N. de Jer.
מְאוּמָה	cualquier cosa
מַאֲכָל	comida
מָאֵן	*piel:* negarse
מָאַס	*qal:* rechazar, rehusar; *niphal:* ser rechazado / *niphal:* fluir, correr
מָבוֹא	entrada
מִבְצָר	fortificación / Mibzar, jefe edomita
מִגְדָּל	torre
מָגוֹר	miedo, terror / lugar de estancia, lugar de vivienda, estancia
מְגִלָּה	pergamino
מָגֵן	escudo

מַגֵּפָה	golpe, masacre, plaga, pestilencia
מִגְרָשׁ	tierra común, tierra abierta
מִדְבָּר	desierto / conversación, boca
מדד	*poel:* medir; *hothpaal:* medirse a sí mismo; *qal:* medir; *niphal:* por medir; *piel:* medir
מִדָּה	tributo / medida, estatura, talla, prenda
מַדּוּעַ	¿por qué? ¿por qué razón?
מָדוֹן	contienda, contienda / Madon
מִדְיָן	Madián
מְדִינָה	distrito, provincia
מָה	¿Qué? ¿cómo? ¿por qué?
מהר	*niphal:* apurarse; *piel:* apresurarse / *qal:* cambiar, comprar
מְהֵרָה	prisa, velocidad
מוט	*qal:* tambalearse; *niphal:* ser sacudido; *hiphil:* desalojar; *hothpaal:* ser sacudido
מול	*hothpaal:* ser cortado; *qal:* circuncidar; *niphal:* ser circuncidado; *hiphil:* cortar
מוּל	frente, enfrente, frente a
מוּם	mancha, defecto
מוּסָר	disciplina, corrección

מוּשׁ	*qal:* partir, quitar; *hiphil:* quitar, partir / *qal:* sentir; *hiphil:* sentir
מוּת	*qal:* morir; *polel:* matar; *hiphil:* matar; *hophal:* ser asesinado
מָוֶת	muerte
מוֹאָב	hijo de Lot, también su desc. y el territorio donde se asentaron
מוֹלֶדֶת	parentesco, nacimiento, descendencia
מוֹעֵד	hora, lugar o reunión designados
מוֹפֵת	maravilla, señal, presagio
מוֹצָא	Mozah / lugar o acto de salida, emisión, exportación, fuente, primavera
מוֹקֵשׁ	cebo o señuelo, trampa
מוֹשָׁב	asiento, asamblea, lugar de vivienda, vivienda, moradores
מוֹשִׁיעַ	salvador
מִזְבֵּחַ	altar
מִזְמוֹר	melodía
מִזְרָח	lugar de salida del sol, el este
מִזְרָק	cuenco, lavabo
מחה	*qal:* limpiar, borrar; *niphal:* ser aniquilado; *hiphil:* borrar / *qal:* golpear / *pual:* llenar de médula

מַחֲלֹקֶת	división, curso
מַחֲנֶה	campamento, campo
מַחְסֶה	refugio, abrigo
מָחָר	mañana, en el tiempo por venir
מׇחֳרָת	mañana
מַחֲשָׁבָה	plan, intención, pensamiento, trama
מַחְתָּה	quemador, incensario
מַטֶּה	bastón, vara, eje, rama
מִטָּה	sofá, cama
מָטָר	lluvia
מִי	¿quién?
מִיכָה	el nombre de varios Isr.
מִיכָיְהוּ	Micaías ("¿Quién como Yah?")
מַיִם	aguas, agua
מִין	tipo, especie
מִישׁוֹר	lugar llano, rectitud
מַכָּה	golpe, herida, masacre
מְכוֹנָה	lugar de descanso fijo, base

מָכִיר	Machir
מכר	*qal:* vender; *niphal:* ser vendido; *hithpael:* venderse
מלא	*qal:* estar lleno, llenar; *niphal:* ser llenado; *piel:* llenar; *pual:* ser llenado; *hithpael:* masarse
מָלֵא	lleno
מְלֹא	plenitud
מְלָאכָה	ocupación, trabajo
מַלְאָךְ	mensajero, ángel
מִלָּה	palabra, discurso, expresión, cosa
מְלוּכָה	realeza
מֶלַח	sal
מִלְחָמָה	batalla, guerra
מלט	*hithpael:* escapar; *niphal:* escapar; *piel:* entregar; *hiphil:* entregar
מלך	*qal:* ser rey, reinar; *hiphil:* hacer reinar; *hophal:* ser hecho rey / *niphal:* aconsejar
מַלְכָּה	reina
מַלְכוּ	realeza, reinar, reino
מַלְכוּת	realeza, poder real, reinar, reino
מֶלֶךְ	rey

מֶלֶךְ	rey, gobernante, príncipe
מַמְלָכָה	reino, soberanía, dominio, reinado
מִן	de / desde, por, por razón de, en, más de
מנה	*pual:* ser nombrado; *qal:* contar, asignar; *niphal:* ser contado; *piel:* nombrar
מְנוּחָה	lugar de descanso, descanso
מָנוֹחַ	lugar de descanso, estado o condición de descanso / Manoa
מְנוֹרָה	candelero
מִנְחָה	regalo, tributo, ofrenda
מנע	*qal:* retener; *niphal:* estar retenido
מְנַשֶּׁה	haciendo olvidar, hijo de José, también tribu desc. de él, también rey de Judá, también dos Isr.
מַס	desesperado / trabajadores forzados, servicio forzado, servidumbre
מַסֵּכָה	libación, metal fundido o imagen / material tejido, tela, cubierta
מָסָךְ	cubierta, pantalla
מְסִלָּה	camino, calzada
מסס	*qal:* disolver, fundir; *niphal:* derretir, desesperar; *hiphil:* hacer que se derrita
מִסְפָּר	número, cantidad

מֵעֶה	órganos internos, partes internas, vientre
מָעוֹז	lugar o medio de seguridad, protección
מָעוֹן	Maon ("habitación") / vivienda, habitación
מעט	*qal:* ser pequeño, pocos; *piel:* volverse pocos; *hiphil:* hacer pequeño
מְעַט	poco, pocos, algunos
מְעִיל	túnica
מַעְיָן	manantial
מַעֲכָה	Maachah
מעל	*qal:* actuar sin fe
מַעַל	acto infiel o traicionero
מַעֲלָה	escalón, escalera / lo que sube
מַעֲלֶה	ascenso
מַעְלָל	obra, practica
מַעֲרָב	artículos de cambio, mercancías / oeste
מְעָרָה	cueva
מַעֲשֶׂה	escritura / trabajo
מַעֲשֵׂר	décima parte, diezmo

מָצָא	*qal:* encontrar; *niphal:* ser encontrado; *hiphil:* causar encontrar
מַצֵּבָה	obra, posición
מַצָּה	pan o torta sin levadura / contienda, contención
מְצוּדָה	red, presa / fortaleza, fortaleza
מִצְוָה	mandamiento
מָצוֹר	cerco de asedio, asedio, atrincheramiento / Egipto
מִצְפָּה	Mizpah
מִצְרִי	habitante de Egipto
מִצְרַיִם	Egipto, egipcios, hijo de Cam
מִקְדָּשׁ	lugar sagrado, santuario
מָקוֹם	lugar de pie, lugar
מִקְלָט	refugio, asilo
מִקְנֶה	ganado, rebaño
מִקְרָא	convocatoria / lectura
מַר	gota, mota / amargo, amargura
מַרְאֶה	vista, apariencia, visión
מָרַד	*qal:* rebelarse
מָרְדְּכַי	Mordejai

מָרָה	*qal:* ser desobediente; *hiphil:* rebelarse
מָרוֹם	altura
מְרִי	rebelión
מֶרְכָּבָה	carro
מִרְמָה	engaño, traición / Mirmah, benjamita
מְרָרִי	hijo de Leví / Merari
מַשָּׂא	enunciado, oráculo / Massa / carga, elevación, carga, tributo
מֹשֶׁה	Moisés
מָשַׁח	*qal:* untar, ungir; *niphal:* ser ungido
מִשְׁחָה	ungüento, porción consagrada
מַשְׁחִית	ruina, destrucción
מָשִׁיחַ	ungido
מָשַׁךְ	*qal:* dibujar, tirar; *niphal:* retrasarse; *pual:* ser extraído
מִשְׁכָּב	lugar para acostarse, sofá, acto de acostarse
מִשְׁכָּן	morada, tabernáculo
מָשַׁל	*qal:* gobernar; *hiphil:* hacer gobernar / *niphal:* ser semejante; *hiphil:* comparar; *hithpael:* ser como / *qal:* usar proverbio; *piel:* hablar parábolas
מָשָׁל	Mashal, lugar en Aser / proverbio, parábola

מְשֻׁלָּם	Meshullam
מִשְׁמָר	lugar de confinamiento, cárcel, prisión, guardia, reloj, observancia
מִשְׁמֶרֶת	guardia, reloj, carga, función
מִשְׁנֶה	doble, copia, segundo
מִשְׁפָּחָה	familia, clan, parentela, raza
מִשְׁפָּט	juicio, sentencia, norma, decreto, costumbre
מִשְׁקָל	peso, medida
מִשְׁתֶּה	banquete, bebida
מָתַי	¿cuándo?
מְתִים	hombre, macho
מָתְנַיִם	caderas, lomos

נָא	(nosotros) rezamos, ahora
נְאֻם	declaración
נאף	*qal:* cometer adulterio; *piel:* cometer adulterio
נאץ	*qal:* desdeñar; *piel:* desdeñar; *hothpaal:* ser despreciado
נבא	*niphal:* profetizar; *hithpael:* profetizar
נְבוּכַדְנֶצַּר נְבוּכַדְרֶאצַּר	Nabucodonosor
נָבוֹת	Jezreelita
נבט	*piel:* mirar; *hiphil:* mirar, considerar
נְבָט	Nebat
נָבִיא	portavoz, orador, profeta
נבל	*qal:* hundirse, caer / *qal:* ser necio; *piel:* estimar a la ligera

נָבָל	Nabal / tonto, insensato
נֵבֶל	botella de piel, piel, tarro, jarra
נְבֵלָה	cadáver
נֶגֶב	país del sur, el Negeb, sur
נָגַד	*hiphil:* declarar, contar; *hophal:* ser dicho
נֶגֶד	frente a, a la vista
נֹגַהּ	brillo, luz del día / Nogah
נָגִיד	líder, gobernante, príncipe
נגע	*qal:* tocar, golpear; *niphal:* ser herido; *piel:* golpear; *pual:* ser herido; *hiphil:* alcanzar, llegar
נֶגַע	derrame cerebral, plaga, marca
נגף	*qal:* herir, golpear; *niphal:* ser herido; *hithpael:* tropezar
נגש	*qal:* presionar, exacto; *niphal:* ser presionado
נגש	*qal:* acercarse; *niphal:* acercarse; *hiphil:* acercar; *hophal:* ser acercado; *hithpael:* acercarse
נָדָב	Nadab
נְדָבָה	voluntariedad, ofrenda voluntaria
נדד	*qal:* retirarse, huir; *poal:* ser ahuyentado; *hiphil:* ahuyentar; *hophal:* ser ahuyentado; *hothpaal:* huir
נִדָּה	menstruación / impureza

נָדַח	*qal:* impulsar, desterrar; *niphal:* ser desterrado; *pual:* ser expulsado; *hiphil:* expulsar; *hophal:* ser perseguido
נָדִיב	generoso, noble
נָדַר	*qal:* prometer
נֶדֶר	voto, promesa
נָהַג	*qal:* conducir; *piel:* alejarse, conducir / *piel:* gemir, lamentar
נָהָר	arroyo, río
נוּד	*hothpaal:* vagar, tambalearse; *qal:* vagar, lamentarse; *hiphil:* hacer vagar; *hophal:* hacer revolotear
נָוָה	morada / morada de pastor o rebaños
נוּחַ	*qal:* descansar; *hiphil:* dar descanso, poner; *hophal:* establecer, abrir
נוּן	Nun, padre de Josué
נוּס	*hiphil:* poner en fuga; *qal:* huir, escapar; *polel:* conducir; *hothpaal:* tomar el vuelo
נוּעַ	*qal:* tambalearse, agitar; *niphal:* ser arrojado; *hiphil:* sacudir, perturbar
נוּף	*qal:* espolvorear; *polel:* blandir; *hiphil:* balancearse, saludar; *hophal:* ser agitado
נָזָה	*qal:* salpicar; *hiphil:* provocar chorro / *hiphil:* provocar salto
נֶזֶר	consagración, corona

נֹחַ	Noah ("descanso")
נחה	*qal:* liderar; *hiphil:* guiar
נחל	*hiphil:* heredar; *hophal:* hacer para poseer; *qal:* poseer, heredar; *piel:* asignar; *hithpael:* poseerse a uno mismo
נַחַל	torrente, wadi
נַחֲלָה	posesión, propiedad, herencia
נחם	*hithpael:* tener compasión; *niphal:* lamentar; *piel:* confortar; *pual:* ser consolado
נָחָשׁ	Nahash / serpiente
נְחֹשֶׁת	cobre, bronce
נטה	*qal:* estirar, inclinar; *niphal:* estirar; *hiphil:* girar, inclinarse
נטע	*qal:* plantar; *niphal:* ser plantado
נטשׁ	*qal:* dejar, abandonar; *niphal:* ser abandonado; *pual:* estar desierto
נִיחֹחַ	calmante, tranquilizante
נכה	*niphal:* ser herido; *pual:* ser herido; *hiphil:* golpear; *hophal:* ser herido
נֹכַח	delante de, enfrente de
נכר	*niphal:* ser reconocido; *piel:* reconocer; *hiphil:* mirar, notar; *hithpael:* ser reconocido / *niphal:* disfrazarse; *piel:* tratar extraños; *hithpael:* actuar como extraño

נֵכָר	lo ajeno
נָכְרִי	extranjero
נֵס	estandarte, alférez, señal, signo
נסה	*piel:* evaluar, probar
נסך	*hophal:* ser derramado; *qal:* derramar; *piel:* derramar; *hiphil:* verter / *qal:* tejer / *qal:* instalar; *niphal:* ser instalado
נֵסֶךְ	imagen fundida / libación
נסע	*qal:* levantar, poner en marcha; *niphal:* ser detenido; *hiphil:* sacar, quitar
נְעוּרִים	juventud, vida temprana
נַעַל	sandalia, zapato
נָעֳמִי	suegra de Rut
נַעַר	muchacho, joven / temblor, esparcimiento
נַעֲרָה	niña, doncella
נפל	*qal:* caer; *hiphil:* hacer caer; *hithpael:* arrojarse; *pilel:* caer
נפץ	*qal:* hacer añicos; *piel:* despedazarse; *pual:* ser pulverizado / *qal:* dispersar
נֶפֶשׁ	alma, ser vivo, vida, yo, persona, deseo, pasión, apetito, emoción
נַפְתָּלִי	Neftalí

נָצַב	*niphal:* estar de pie; *hiphil:* hacer que se ponga de pie; *hophal:* ser arreglado
נָצַח	*niphal:* ser duradero; *piel:* actuar como director
נֵצַח	gloria, dignidad / sangre
נָצַל	*hiphil:* arrebatar, entregar; *niphal:* ser entregado; *piel:* quitarse; *hophal:* ser desplumado; *hithpael:* desnudarse;
נָצַר	*qal:* mirar, vigilar
נְקֵבָה	mujer
נקה	*qal:* estar vacío; *niphal:* estar limpio, libre; *piel:* absolver
נָקִי	limpio, libre de, exento
נקם	*qalp:* ser vengado; *hithpael:* vengarse; *qal:* vengar; *niphal:* vengarse; *piel:* vengar
נְקָמָה	venganza
נֵר	padre de Abner, también padre de Kish
נשא	*qal:* levantar, transportar; *niphal:* ser elevado; *piel:* levantar; *hithpael:* levantarse a sí mismo; *hiphil:* causar traer
נָשַׂג	*hiphil:* alcanzar, adelantar
נָשִׂיא	niebla ascendente, vapor / levantado, jefe, príncipe
נשא	*niphal:* ser engañado; *hiphil:* engañar / *qal:* ser acreedor; *hiphil:* ser acreedor

נְשָׁמָה	respiración
נשק	qal: besar; *piel:* besar; *hiphil:* tocar / *qal:* estar armado con
נֶשֶׁר	águila
נְתִיבָה	camino
נתך	*hophal:* derretirse; *qal:* derramar; *niphal:* ser vertido; *hiphil:* derramar
נתן	*qal:* dar, poner; *niphal:* dar; *qalp:* ser dado
נָתָן	el nombre de varios e Isr.
נתץ	*qal:* derribar; *niphal:* ser derribado; *piel:* derribar; *pual:* ser derribado; *qalp:* descomponerse
נתק	*qal:* alejar, tirar; *niphal:* ser dibujado, rasgado; *piel:* desgarrar; *hiphil:* alejarse; *hophal:* alejarse
נתש	*qal:* tirar hacia arriba; *niphal:* ser desarraigado; *qalp:* ser desarraigado

ס	marcador de división
סָבַב	*qal:* rodear; *niphal:* dar la vuelta; *piel:* cambiar; *poel:* abarcar; *hiphil:* hacer girar; *hophal:* ser convertido
סָבִיב	circuito, alrededor
סָגַר	*pual:* estar callado; *hiphil:* callar, entregar; *qal:* cerrar; *niphal:* estar cerrado; *piel:* entregar
סְדֹם	Sodoma
סוּג	*hophal:* ser rechazado; *qal:* retroceder; *niphal:* apartarse; *hiphil:* desplazar / *qal:* cercar; *pilpel:* cercar
סוּס	caballo
סוּף	juncos / Suph
סוּר	*qal:* desviarse; *polel:* desviarse; *hiphil:* llevar; *hophal:* ser llevado
סוֹד	consejo
סָחַר	*qal:* dar vueltas; *palel:* palpitar

סִיחוֹן	rey de los amorreos
סִינַי	Sinaí
סִיסְרָא	Sísara
סִיר	espina, gancho / olla
סֻכָּה	matorral, cabina
סכך	*qal:* cubrir; *hiphil:* cubrir; *pilpel:* revolver / *qal:* tejer juntos; *poel:* tejer juntos
סָלָה	levantar, exaltar
סלח	*qal:* perdonar, perdonar; *niphal:* ser perdonado
סֶלַע	Sela / peñasco, acantilado
סֹלֶת	harina fina
סמך	*qal:* apoyarse, apoyar; *niphal:* mantenerse a sí mismo; *piel:* sostener
סַף	Saph, filisteo / umbral, alféizar / palangana, cáliz
ספד	*qal:* lamentar, lamentarse; *niphal:* ser lamentado
ספר	*qal:* contar; *niphal:* ser contado; *piel:* contar; *pual:* ser contado
סֵפֶר	misiva, documento, escritura, libro
סֹפֵר	enumerador, secretario, escriba

סָקַל	*pual:* ser apedreado; *qal:* apedrear hasta la muerte; *niphal:* ser apedreado; *piel:* apedrear, destronar
סָרִיס	eunuco
סֶרֶן	eje / tirano, Señor, gobernador
סָתַר	*niphal:* esconderse, esconderse; *piel:* esconderse con cuidado; *pual:* estar escondido; *hithpael:* esconderse; *hiphil:* esconder
סֵתֶר	cobertura, escondite, secreto

עָב	nube oscura, nubes, matorral
עבד	*peal:* hacer; *hishtapael:* por hacer
עבד	*qal:* trabajar, servir; *niphal:* cultivar; *qalp:* trabajar; *hiphil:* hacer que sirva; *hophal:* ser llevado a servir
עֶבֶד	esclavo, sirviente
עֲבֹדָה	trabajo, servicio
עֹבֵד אֱדֹם	Obed-Edom
עֲבוּר	producir
עבר	*hiphil:* hacer pasar; *qal:* pasar; *niphal:* ser cruzado; *piel:* extenderse / *hithpael:* ser arrogante
עֵבֶר	Región a través, más allá de / Eber, desc. de Sem
עֶבְרָה	desbordamiento, arrogancia, furia
עִבְרִי	hebreo
עֵגֶל	ternero

עֲגָלָה	carrito
עַד	hasta, mientras / botín, presa / incluso hasta, hasta / perpetuidad
עֵד	testigo
עֵדָה	testimonio / congregación
עֵדוּת	testimonio
עֵדֶר	levita / Eder, lugar en S. Judá / rebaño, manada
עוּד	*qal:* dar testimonio; *hiphil:* testificar, advertir; *hophal:* ser testificado / *piel:* rodear; *polel:* restaurar; *hothpaal:* ser restaurado
עַוֶל	injusticia
עַוְלָה	injusticia, mal
עָוֹן	iniquidad, culpa, castigo
עוּף	*hiphil:* volar lejos *qal:* volar; *polel:* volar; *hothpaal:* volar lejos / *qal:* estar oscuro
עוּר	*pilpel:* levantar (llorar); *hothpaal:* regocijarse, despertar; *hiphil:* despertar, agitar; *qal:* despertar a uno mismo; *niphal:* despertar; *polel:* despertar, incitar / *piel:* hacer ciego / *niphal:* estar expuesto
עִוֵּר	ciego
עוֹג	rey de Basán
עוֹד	dar vueltas, continuación, todavía, otra vez, al lado

עוֹלָם	larga duración, antigüedad, futuro
עוֹף	criaturas voladoras / aves
עוֹר	piel
עַז	fuerte, poderoso, feroz
עֵז	cabra hembra
עֹז	fuerza, poder
עזב	*qal:* irse, suelto; *niphal:* ser dejado; *qalp:* estar desierto / *qal:* restaurar, reparar
עַזָּה	ciudad filistea
עזר	*qal:* ayudar; *niphal:* ser ayudado; *hiphil:* ayudar
עֵזֶר	Ezer ("ayuda") / ayuda, ayudante
עֶזְרָא	Esdras
עֶזְרָה	Ezra ("ayuda") / ayuda, ayudante, asistencia
עֲזַרְיָה	Azarías
עֲטָרָה	Atarah / corona
עַי	Ai
עֵילָם	Elam
עַיִן	manantial (de agua) / ojo / dos lugares en Isr.
עִיר	ciudad, pueblo

עַל	sobre, contra / altura
עַל	encima
עֹל	yugo
עלה	*qal:* subir; *niphal:* ser criado; *hiphil:* traer, ofrecer; *hophal:* ser tomado; *hithpael:* levantarse
עֹלָה	holocausto (sacrificio que se quema entero) / subida, escalera
עֵלִי	sacerdote en Shiloh
עֲלִיָּה	cámara de techo
עֶלְיוֹן	Elyon ("alto"), nombre de Dios / alto, superior
עֲלִילָה	desenfreno, hecho
עלל	*poel:* molestar; poal: estar enfadado; *hithpael:* ocuparse; *hothpaal:* hacer el mal / *poel:* espigar / *poel:* actuar como niño / *poel:* insertar, empujar
עלם	*qal:* ser secreto; *niphal:* ocultarse; *hiphil:* ocultar, esconder; *hithpael:* esconderse
עֹלָם	perpetuidad, antigüedad
עַם	gente, pariente, nación, tribu
עִם	con
עמד	*qal:* pararse, detenerse; *hiphil:* preparar, levantar; *hophal:* ser colocado
עִמָּד	en, con

עִמָּה	cerca, lado a lado con
עַמּוּד	pilar, columna
עַמּוֹן	Amón
עַמּוֹנִי	amonita
עָמָל	problema, trabajo, fatiga
עֲמָלֵק	amalecitas
עֵמֶק	valle
עָנָה	qal: responder; niphal: ser respondido; hiphil: responder / qal: inclinarse; niphal: estar afligido; piel: humillar; pual: estar afligido; hiphil: afligir; hithpael: humillarse / qal: cantar; piel: cantar / qal: estar ocupado con
עֲנָה	peal: responder
עָנָו	pobre, afligido, humilde, manso
עֳנִי	aflicción, pobreza
עָנָן	nubes
עֲנָק	Anak / collar, colgante de cuello
עָפָר	tierra seca, polvo
עֵץ	árbol, árboles, madera
עֵצָה	consejo / árboles

עָצוּם	poderoso, numeroso
עצם	*qal:* ser poderoso, muchos; *hiphil:* fortalecer / *qal:* cerrar los ojos; *piel:* cerrar los ojos / *piel:* romper huesos
עֶצֶם	hueso, sustancia, yo
עצר	*qal:* restringir; *niphal:* estar restringido
עֶקְרוֹן	Ekron
ערב	*qal:* tomar prenda; *hithpael:* intercambiar, compartir / *qal:* ser dulce / *qal:* oscurecerse; *hiphil:* oscurecerse
עֶרֶב	noche
עֲרָבָה	estepa o llanura desértica, también valle desértico que corre al S. desde el mar de Galilea
עֶרְוָה	desnudez
עָרִיץ	sobrecogedor, terrorífico
ערך	*qal:* poner en orden / *hiphil:* valor, impuestos
עֵרֶךְ	orden, fila, estimación
עָרֵל	tener prepucio (incircunciso)
עֹרֶף	parte posterior del cuello, cuello
עֵשֶׂב	hierba
עשׂה	*qal:* hacer, hacer; *niphal:* por hacer; *qalp:* hacer / *qal:* presionar, apretar; *piel:* presionar, apretar

עֵשָׂו	Esaú
עֲשִׂירִי	décimo
עֶשֶׂר	diez
עֶשֶׂר	diez
עִשָּׂרוֹן	décima parte
עָשִׁיר	rico
עָשָׁן	humo / Ashán
עָשַׁק	*qal:* oprimir, extorsionar; *pual:* aplastar
עֹשֶׁר	riquezas, riqueza
עֵת	hora
עַתָּה	ahora
עַתּוּד	chivo
עתר	*qal:* rezar; *niphal:* ser suplicado; *hiphil:* rezar / *niphal:* ser abundante; *hiphil:* multiplicar

פ

פ֒	marcador de párrafo
פֵּאָה	esquina, lado
פָּגַע	*qal:* encontrarse, encontrar; *hiphil:* suplicar, atacar
פֶּגֶר	cadáver
פָּדָה	*qal:* rescatar; *niphal:* ser rescatado; *hiphil:* por ser rescatado; *hophal:* ser rescatado
פֶּה	boca
פֹּה	aquí
פּוּץ	*qal:* ser esparcido; *niphal:* ser esparcido; *hiphil:* esparcir / *qal:* fluir, desbordar
פַּח	placa (de metal) / trampa para pájaros
פָּחַד	*qal:* tener pavor; *piel:* pavor profundamente; *hiphil:* llenar de pavor
פַּחַד	muslo / pavor
פֶּחָה	gobernador

פִּינְחָס	Phinehas
פלא	*hithpael:* mostrar maravilloso; *niphal:* ser maravilloso; *piel:* ofrecer; *hiphil:* hacer maravillosamente
פִּלֶגֶשׁ	concubina
פלט	*qal:* escapar; *piel:* entregar; *hiphil:* poner a salvo
פְּלֵיטָה	escape
פלל	*piel:* mediar, juzgar; *hithpael:* rezar
פְּלִשְׁתִּי	hab. de filistea
פֶּן	no sea que
פנה	*qal:* girar; *piel:* aclarar; *hiphil:* girar; *hophal:* ser devuelto
פָּנֶה	frente, cara, superficie
פִּנָּה	esquina
פְּנִימִי	interior
פֶּסַח	Pascua
פָּסִיל	ídolo, imagen
פֶּסֶל	ídolo, imagen
פעל	*qal:* hacer, hacer
פֹּעַל	haciendo, escritura, trabajo

פַּעַם	latido, pie, yunque, ocurrencia
פָּקַד	qal: atender, visitar; niphal: ser visitado; piel: reunir; pual: ser reunido; hiphil: establecer, encomendar; hophal: ser nombrado; hithpael: ser reunido; hothpaal: ser reunido
פְּקֻדָּה	supervisión, reunión, visitación, tienda
פִּקּוּדִים	preceptos, instrucciones
פָּקַח	qal: abrir; niphal: ser abierto
פַּר	toro joven, novillo
פָּרַד	pual: dividirse; hiphil: dividir; hithpael: dividirse; qal: dividir; niphal: dividir; piel: separarse
פָּרָה	qal: dar fruto; hiphil: hacer fructífero
פָּרָה	novilla, vaca / Parah
פְּרִזִּי	Perizzita
פַּרְזֶל	hierro
פָּרַח	qal: brotar; hiphil: hacer brotar / qal: brotar / qal: volar
פְּרִי	fruta
פָּרֹכֶת	cortina
פָּרַס	Persia
פַּרְסָה	pezuña

פַּרְעֹה	faraón
פרץ	*hithpael:* separarse; *qal:* abrirse paso; *niphal:* esparcirse; *pual:* descomponer
פֶּרֶץ	brecha
פרר	*hiphil:* romper, frustrar; *hophal:* romperse; *pilpel:* romperse / *qal:* dividirse; *poel:* dividir; *hothpaal:* dividir
פרש	*qal:* extenderse; *niphal:* ser esparcido; *piel:* extenderse; *pilel:* extenderse
פָּרָשׁ	jinete / caballo, corcel
פשׂה	*qal:* difundir
פשׁט	*hithpael:* desnudarse; *qal:* desnudarse; *piel:* desnudar; *hiphil:* desnudar
פשׁע	*qal:* rebelarse, pecar; *niphal:* estar ofendido
פֶּשַׁע	transgresión
פֵּשֶׁר	interpretación
פִּתְאֹם	brusquedad, de repente
פתה	*qal:* ser simple; *niphal:* ser engañado; *piel:* tentar; *pual:* ser engañado / *qal:* estar abierto; *hiphil:* ensanchar
פתח	*qal:* abrir; *niphal:* abrirse; *piel:* soltar, liberar; *hithpael:* aflojar / *piel:* grabar; *pual:* ser grabado
פֶּתַח	apertura, puerta, entrada

צ

צֹאן	rebaño, oveja
צָבָא	ejército, guerra
צְבִי	gacela / belleza, honor
צַד	lado, cadera
צָדוֹק	el nombre de varios Isr.
צַדִּיק	justo
צדק	*hiphil:* hacer justo; *hithpael:* justificarse a sí mismo; *qal:* ser justo; *niphal:* corregirse; *piel:* justificar
צֶדֶק	rectitud, justicia
צְדָקָה	justicia
צִדְקִיָּהוּ	Sedequías ("Yah es justicia")
צָהֳרַיִם	mediodía
צַוָּאר	cuello, nuca

צָוָה	*piel:* mandar; *pual:* ser comandado
צוֹם	*qal:* ayunar
צוּר	*qal:* confinar, encerrar / *qal:* tratar como enemigo / *qal:* a la moda
צוּר	roca, acantilado
צוֹם	ayuno
צִידוֹן	Sidón
צִיּוֹן	Sion
צֵל	sombra
צָלַח	*qal:* prosperar; *hiphil:* hacer prosperar / *qal:* apresurarse
צֵלָע	costilla, lateral
צָמַח	*qal:* brotar; *piel:* crecer abundantemente; *hiphil:* hacer crecer
צִנָּה	frialdad / (grande) escudo / prob. gancho, púa
צָעִיר	Zair / pequeño, insignificante, joven
צָעַק	*hiphil:* llamar juntos; *qal:* gritar; *niphal:* ser convocado; *piel:* llorar en voz alta
צְעָקָה	grito, clamor
צָפָה	*qal:* vigilar; *piel:* observar de cerca / *qal:* diseñar; *piel:* superponer; *pual:* superponerse
צָפוֹן	norte

צִפּוֹר	pájaro / Zippor ("pájaro"), padre de Balak
צָפַן	*qal:* esconderse; *niphal:* almacenar; *hiphil:* esconder
צַר	estrecho, apretado / guijarro duro, pedernal / estrecho, angustia / adversario, enemigo
צֹר	Tiro, ciudad fenicia / guijarro duro, pedernal
צָרָה	estrechos, angustia / quien molesta, esposa rival
צְרוּיָה	Sarvia
צָרַע	*qal:* ser leproso; *pual:* ser leproso
צָרַעַת	lepra
צָרַף	*qal:* refinar, probar; *niphal:* ser refinado; *piel:* refinar
צָרַר	*qal:* atar, ser estrecho; *pual:* estar atado; *hiphil:* angustia, calambre / *qal:* mostrar hostilidad / *hiphil:* sufrir angustia / *qal:* hacer rival-esposa

קְבָל	delante de, antes, por, porque eso
קְבַץ	*qal:* reunir, recolectar; *niphal:* reunir, reunir; *piel:* juntar; *pual:* ser recogido; *hithpael:* reunirse
קְבַר	*pual:* ser enterrado; *qal:* enterrar; *niphal:* ser enterrado; *piel:* enterrar
קֶבֶר	tumba, sepulcro
קָדוֹשׁ	sagrado, santo
קָדִים	este, viento del este
קְדַם	*piel:* encontrarse, confrontar; *hiphil:* encontrar
קְדָם	antes de
קֶדֶם	frente, este, anteriormente
קֵדְמָה	hacia el este, hacia el este
קְדַשׁ	*qal:* ser apartado; *niphal:* ser sagrado; *piel:* consagrar; *pual:* ser consagrado; *hiphil:* consagrar; *hithpael:* consagrarse

קָדֵשׁ	prostituto/a (en templos paganos) / Kadesh ("sagrado")
קֹדֶשׁ	apartamiento, sacralidad
קָהַל	*niphal:* ensamblar; *hiphil:* llamar a asamblea
קָהָל	asamblea, convocatoria, congregación
קְהָת	hijo de Levi
קַו	línea, cuerda
קָוָה	*qal:* esperar; *piel:* esperar / *niphal:* ser recogido
קוּם	*pael:* establecer; *haph:* establecer, nombrar; *hophal:* ponerse de pie; *peal:* levantarse
קוּם	*qal:* levantarse, pararse; *piel:* confirmar; *polel:* levantar; *hothpaal:* levantarse; *hiphil:* levantar, construir, colocar; *hophal:* ser levantado
קוֹל	sonido, voz
קוֹמָה	altura
קָטָן	pequeño, joven, sin importancia
קָטֹן	pequeño, insignificante
קָטַר	*piel:* hacer sacrificios; *pual:* ser perfumado; *hiphil:* hacer sacrificios; *hophal:* ofrecer / *qal:* adjuntar
קְטֹרֶת	humo, olor a sacrificio (quemado), incienso
קַיִן	Caín / lanza

קִיץ	*hiphil:* despertar / *qal:* pasar el verano
קַיִץ	verano, fruta de verano
קִיר	pared / Kir
קִישׁ	Kish
קלל	*pual:* ser maldecido; *hiphil:* hacer luz; *pilpel:* agitar; *hithpalpel:* sacudirse; *qal:* ser ligero, rápido; *niphal:* ser insignificante; *piel:* maldecir
קְלָלָה	maldición
קֶלַע	cortina que cuelga / cabestrillo
קנא	*piel:* estar celoso; *hiphil:* poner celoso
קִנְאָה	ardor, celo, celos
קנה	*qal:* conseguir, comprar; *niphal:* ser comprado; *hiphil:* comprar (como esclavo)
קָנֶה	tallo, caña
קסם	*qal:* adivinar
קֵץ	fin
קָצָה	final, extremidad
קָצֶה	fin, extremidad
קָצִיר	cosecha / ramas, ramas
קצף	*qal:* estar enojado; *hiphil:* provocar; *hithpael:* estar enojado

קֶצֶף	ira / prob. astilla
קצר	qal: ser breve; piel: acortar; hiphil: acortar / qal: cosechar, cosechar; hiphil: cosechar
קרא	qal: llamar, proclamar; niphal: ser llamado; qalp: ser nombrado / qal: encontrarse, encontrar; niphal: encontrarse; hiphil: hacer que suceda
קרב	qal: acercarse; niphal: traer; piel: acercar; hiphil: acercar
קֶרֶב	parte interior, medio
קָרְבָּן	ofrenda, regalo
קרה	qal: encontrar, encontrar; niphal: encontrar; hiphil: hacer que ocurra / piel: poner vigas
קָרוֹב	cerca
קֹרַח	Coré
קִרְיָה	pueblo, ciudad
קֶרֶן	cuerno
קרע	qal: rasgar; niphal: alquilar, dividir
קֶרֶשׁ	tablero, tableros
קשׁב	qal: escuchar; hiphil: prestar atención
קשׁה	hiphil: endurecer; qal: ser duro, severo; niphal: estar en apuros; piel: endurecer
קָשֶׁה	duro, severo

| קשׁר | *pual:* ser fuerte; *hithpael:* conspirar; *qal:* unir; *niphal:* estar atado; *piel:* atar |
| קֶשֶׁת | arco |

ר

רָאָה	*qal:* ver; *niphal:* aparecer, ser visto; *qalp:* ser visto; *hithpael:* mirar cada uno; *hiphil:* mostrar, exhibir; *hophal:* ser mostrado
רְאוּבֵן	he aquí hijo! hijo mayor de Jacob, también su desc.
רָאמוֹת גִּלְעָד	Ramot-Galaad
רֹאשׁ	cabeza
רִאשׁוֹן	ex, primero, jefe
רֵאשִׁית	comienzo, jefe
רַב	mucho, gran / jefe / arquero
רֹב	multitud, abundancia, grandeza
רבב	*qal:* ser muchos / *qal:* disparar / *pual:* multiplicar por diez mil
רבה	*qal:* ser muchos, grande; *piel:* hacer grande; *hiphil:* hacer muchos / *qal:* disparar
רְבִיעִי	cuarto

רָבַץ	*qal:* acostarse; *hiphil:* tumbarse
רִבְקָה	Rebeca
רָגַז	*qal:* temblar; *hiphil:* hacer temblar; *hithpael:* excitarse
רָגַל	*qal:* deambular; *piel:* calumniar, espiar; *tiphil:* enseñar a caminar
רֶגֶל	pie
רֶגַע	momento
רדה	*qal:* gobernar; *hiphil:* hacer gobernar / *qal:* raspar
רדף	*qal:* perseguir; *niphal:* ser perseguido; *piel:* perseguir con entusiasmo; *pual:* ser ahuyentado; *hiphil:* perseguir
רוּחַ	aliento, viento, espíritu
רום	*hiphil:* levantar; *hophal:* ser llevado; *hothpaal:* exaltarse a uno mismo; *qal:* estar alto; *polel:* levantar, trasero; *polal:* ser levantado
רוע	*hiphil:* lanzar grito; *polal:* ser gritado; *hothpaal:* gritar de alegría
רוּץ	*qal:* correr; *polel:* correr rápido; *hiphil:* traer rápidamente
רוּשׁ	*qal:* estar necesitado; *hothpaal:* hacerse pobre
רחב	*qal:* ser amplio; *niphal:* ser espacioso; *hiphil:* agrandar
רָחָב	Rahab / ancho

רֹחַב	ancho
רְחֹב	amplio lugar abierto, plaza
רְחַבְעָם	pueblo se agranda, rey de Judá
רָחוֹק	distante, lejos, distancia
רָחֵל	Rachel / oveja
רחם	*qal:* amar; *piel:* tener compasión; *pual:* mostrar misericordia
רֶחֶם	matriz
רַחֲמִים	tierna misericordia
רחץ	*qal:* lavarse, bañarse; *pual:* lavarse; *hithpael:* lavarse
רחק	*qal:* estar distante; *piel:* enviar lejos; *hiphil:* poner lejos
ריב	*qal:* luchar, contender; *hiphil:* luchar, contender
רִיב	contienda, disputa
רֵיחַ	odor, olor, perfume
רכב	*qal:* montar; *hiphil:* hacer montar
רֶכֶב	carroza, carro, piedra de molino
רְכוּשׁ	propiedad, bienes
רָמָה	Rammah ("altura") / altura, lugar alto

רִמּוֹן	granada / Rimmon
רִנָּה	llanto sonoro / Rinnah
רנן	*hiphil:* hacer gritar; *qal:* llorar en voz alta; *piel:* gritar con alegría; *pual:* ser gritado
רַע	malo, malvado
רֵעַ	prob. gritar, rugir / propósito, objetivo / amigo, compañero, compañero
רָעָב	hambruna, hambre
רָעֵב	hambriento
רעה	*qal:* pastar, cuidar; *hiphil:* pastar / *qal:* asociarse con; *hithpael:* asociarse a uno mismo / *piel:* ser amigo
רָעָה	maldad, miseria, angustia, herida
רעע	romper / ser malo, malo
רעש	*qal:* temblar; *niphal:* temblar; *hiphil:* hacer temblar
רפא	*hithpael:* curarse; *qal:* curar; *niphal:* ser sanado; *piel:* curar
רְפָאִים	espíritus muertos
רפה	*hiphil:* aflojar, abandonar; *hithpael:* mostrarse perezoso; *qal:* hundirse, relajarse; *niphal:* ser perezoso; *piel:* dejar caer
רצה	*hiphil:* pagar; *hithpael:* agradar; *qal:* estar complacido; *niphal:* ser aceptado; *piel:* buscar favor

רָצוֹן	buena voluntad, favor, aceptación, voluntad
רצח	*pual:* ser aplastado; *qal:* asesinar, matar; *niphal:* ser asesinado; *piel:* asesinar
רַק	delgado, solo, en conjunto, seguramente
רשע	*qal:* ser malvado; *hiphil:* condenar, ser malvado
רָשָׁע	malvado, criminal
רֶשַׁע	malicia
רֶשֶׁת	red

שָׂבַע	*qal:* estar saciado; *niphal:* estar saciado; *piel:* satisfacer; *117ipilel:* satisfacer
שָׂגַב	*pual:* ser puesto en alto; *117ipilel:* actuar con exaltación; *qal:* estar alto; *niphal:* ser alto, exaltado; *piel:* poner alto
שָׂדֶה	campo, tierra
שֶׂה	uno de rebaño, oveja (o cabra)
שׂוּשׂ	*qal:* regocijarse
שָׂחַק	*qal:* reír; *piel:* hacer deporte; *hiphil:* proferir burla
שָׂטָן	adversario, también el nombre del adversario sobrehumano de Dios
שִׂיחַ	*qal:* reflexionar, quejarse; *polel:* meditar
שִׂים	*peal:* hacer, poner; *peil:* por hacerse; *htap:* por hacer
שִׂים	*qal:* poner, poner; *hiphil:* fijar; *qalp:* por configurar
שָׂכַל	*qal:* ser prudente; *hiphil:* mirar, prosperar / *piel:* poner transversalmente

שָׂכַר	qal: contratar; niphal: contratarse a sí mismo; hithpael: ganar salario
שָׂכָר	Sacar / alquiler, salario
שְׂמֹאל	La izquierda, la mano izquierda, el lado izquierdo
שָׂמַח	qal: regocijarse; piel: alegrar; hiphil: alegrar
שָׂמֵחַ	alegre
שִׂמְחָה	alegría
שִׂמְלָה	envoltura, manto
שָׂנֵא	qal: odiar; niphal: ser odiado; piel: odiar
שָׂעִיר	macho cabrío, macho / peludo
שֵׂעִיר	cordillera en Edom, también su hab., también montaña en Judá
שֵׂעָר	pelo
שְׂעֹרָה	cebada
שָׂפָה	labio, habla, borde
שַׂק	saco, cilicio
שַׂר	cacique, jefe, gobernante, oficial, capitán, príncipe
שָׂרָה	Sara ("princesa"), esposa de Abraham / princesa, dama noble
שָׂרִיד	Sarid / sobreviviente

| שָׂרַף | *pual:* ser quemado; *qal:* quemar; *niphal:* ser quemado; *piel:* arder |
| שָׂשׂוֹן | júbilo, regocijo |

שֶׁ	quien, cual, quien, quien
שָׁאַג	*qal:* rugir
שָׁאוּל	Saul ("preguntó")
שְׁאוֹל	inframundo (lugar al que la gente desciende al morir)
שָׁאַל	*hiphil:* dar, prestar; *qal:* pedir, pedir prestado; *niphal:* preguntarse por uno mismo; *piel:* preguntar, suplicar
שָׁאַר	*qal:* permanecer; *niphal:* ser dejado; *hiphil:* irse, sobra
שְׁאָר	resto, residuo, remanente
שְׁאֵרִית	resto, residuo, remanente
שְׁבָא	Saba
שָׁבַה	*qal:* llevar cautivo; *niphal:* estar cautivo
שָׁבוּעַ	período de siete (días, años), heptada, semana

שְׁבוּעָה	juramento, maldición
שְׁבוּת	cautiverio, cautivos
שֵׁבֶט	vara, personal, club, cetro, tribu
שְׁבִי	cautiverio, cautivos
שְׁבִיעִי	séptimo
שׁבע	*qal:* jurar; *niphal:* jurar; *hiphil:* hacer jurar
שֶׁבַע	siete
שׁבר	*hiphil:* hacer que se rompa; *hophal:* romperse; *qal:* romper; *niphal:* romperse; *piel:* romper / *qal:* comprar grano; *hiphil:* vender grano
שֶׁבֶר	maíz, grano / rotura, fractura, trituración, rotura, caída
שׁבת	*qal:* cesar, desistir; *niphal:* cesar; *hiphil:* destruir, quitar / *qal:* guardar, observar
שַׁבָּת	Sabbath
שׁגה	*qal:* errar, extraviarse; *hiphil:* llevar por mal camino
שַׁד	(femenino) pecho
שֹׁד	violencia, estragos, devastación, ruina / pecho (femenino)
שׁדד	*qal:* destruir, oprimir; *niphal:* arruinarse; *piel:* asaltar; *pual:* estar devastado; *poel:* destruir; *qalp:* estar devastado
שַׁדַּי	prob. "el todopoderoso", título para Dios

שָׁוְא	vacío, vanidad
שׁוּב	*hiphil:* traer de vuelta; *hophal:* ser devuelto; *qal:* girar, volver; *polel:* traer de vuelta
שָׁוָה	*qal:* ser uniforme, suave; *piel:* nivelar; *hiphil:* hacer me gusta; *nith:* ser igual / *piel:* poner, colocar
שׁוּע	*piel:* llorar por ayuda
שׁוּשַׁן	problema. lirio (o cualquier flor parecida a lirio) / Susa
שׁוֹטֵר	oficial
שׁוֹעֵר	portero
שׁוֹפָר	cuerno (para soplar)
שׁוֹר	cabeza de ganado (buey, etc.)
שָׁזַר	*hophal:* ser retorcido
שַׁחַד	regalo, soborno
שָׁחַט	*qal:* matar; *niphal:* ser sacrificado
שַׁחַק	polvo, nube
שַׁחַר	amanecer
שָׁחַת	*hophal:* ser mimado; *niphal:* estropearse; *piel:* estropear, arruinar; *hiphil:* estropear, arruinar
שַׁחַת	pozo
שִׁטָּה	acacia (árbol y bosque)

שָׁטַף	*qal:* desbordar; *niphal:* sentirse abrumado; *pual:* enjuagar
שִׁילוֹ	Shiloh
שִׁיר	*qal:* cantar; *polel:* cantar; *qalp:* ser cantado
שִׁיר	canción
שִׁית	*qal:* poner, poner; *qalp:* imponerse
שָׁכַב	*hiphil:* poner; *hophal:* ser puesto; *qal:* acostarse, acostarse; *niphal:* estar acostado; *pual:* estar acostado con
שָׁכַח	*qal:* olvidar; *niphal:* ser olvidado; *piel:* hacer olvidar; *hiphil:* hacer olvidar; *hithpael:* ser olvidado
שָׁכַל	*qal:* estar en duelo; *piel:* dejar sin hijos; *hiphil:* abortar
שָׁכַם	*hiphil:* levantarse temprano
שְׁכֶם	Siquem / hombro
שָׁכַן	*qal:* establecerse, habitar; *piel:* establecer; *hiphil:* hacer habitar
שֵׁכָר	bebida embriagadora, bebida fuerte
שֶׁלֶג	nieve
שַׁלּוּם	nombre Isr.
שָׁלוֹם	integridad, solidez, bienestar, paz
שָׁלַח	*pual:* ser expulsado; *hiphil:* enviar; *qal:* enviar; *niphal:* ser enviado; *piel:* enviar lejos, disparar

שֻׁלְחָן	mesa
שָׁלִישׁ	(instrumento musical) prob. sistro / ayudante, oficial / tercero (parte)
שְׁלִישִׁי	tercero (número ord.)
שָׁלַךְ	*hiphil:* lanzar; *hophal:* ser lanzado
שָׁלָל	presa, botín, saqueo, botín
שׁלם	*hiphil:* completar; *qal:* estar completo; *piel:* pagar, recompensa; *pual:* ser recompensado / *qal:* estar en paz; *pual:* estar en paz; *hiphil:* hacer las paces; *hophal:* vivir en paz
שָׁלֵם	completo, seguro, en paz / Salem
שֶׁלֶם	sacrificio por alianza o amistad, ofrenda de paz
שְׁלֹמֹה	Salomón, hijo de David y sucesor de su trono
שָׁלַף	*qal:* sacar, apagar
שָׁלֹשׁ	tres
שִׁלְשׁוֹם	hace tres días, anteayer, ayer
שָׁם	allí, allá
שֵׁם	nombre / Sem, hijo mayor de Noé
שָׁמַד	*niphal:* ser exterminado; *hiphil:* exterminar
שַׁמָּה	desperdicio, horror / Shammah

שְׁמוּאֵל	Samuel ("nombre de Dios")
שְׁמוּעָה	informe
שָׁמַיִם	cielo
שְׁמַיִן	cielo, cielos
שְׁמִינִי	octavo (número ord.)
שׁמם	*hiphil:* devastar, espantar; *hophal:* estar desolado; *hothpaal:* horrorizarse; *qal:* estar desolado; *niphal:* estar desolado; *poel:* desolar
שְׁמָמָה	devastación, desperdicio
שֶׁמֶן	grasa, aceite
שְׁמֹנֶה	ocho
שׁמע	*qal:* escuchar; *niphal:* ser escuchado; *hiphil:* hacer oír; *piel:* hacer oír
שִׁמְעוֹן	hijo de Jacob, también su tribu
שִׁמְעִי	Shimei
שְׁמַעְיָה	Yah oye, el nombre de varios Isr.
שׁמר	*hithpael:* mantenerse a uno mismo; *qal:* mantener, vigilar; *niphal:* ser guardado, vigilado; *piel:* honrar
שֹׁמְרוֹן	Samaria
שֶׁמֶשׁ	sol
שִׁמְשׁוֹן	libertador de Isr.

שֵׁן	diente, marfil
שָׁנָה	*hithpael:* disfrazarse; *qal:* cambiar; *piel:* cambiar, alterar; *pual:* cambiar / *qal:* hacer de nuevo, repetir; *niphal:* repetirse
שְׁנָה	*peal:* cambiar; *pael:* cambiar; *hotphalpel:* cambiar; itpa: cambiar; *haph:* cambiar
שָׁנָה	año
שֵׁנָה	dormir
שָׁנִי	escarlata
שֵׁנִי	segundo (número ord.)
שְׁנַיִם	dos (número cardinal)
שָׁעֵן	*niphal:* apoyarse, apoyar
שַׁעַר	puerta / medida
שִׁפְחָה	mucama, sirvienta
שָׁפַט	*qal:* juzgar; *niphal:* suplicar; *poel:* juzgar
שָׁפַךְ	*hithpael:* derramar uno mismo; *qal:* derramar; *niphal:* ser derramado; *qalp:* ser derramado
שָׁפֵל	*qal:* estar bajo; *hiphil:* hacer bajo, humillar
שְׁפֵלָה	tierras bajas
שָׁפָן	hyrax, tejón de roca / Shaphan
שָׁקָה	*hiphil:* dar de beber; *pual:* ser regado

שִׁקּוּץ	cosa detestada
שׁקט	*qal:* estar en silencio; *hiphil:* mostrar tranquilidad
שׁקל	*qal:* pesar; *niphal:* ser pesado
שֶׁקֶל	shekel (medida de peso)
שׁקף	*niphal:* mirar hacia abajo; *hiphil:* mirar hacia abajo
שֶׁקֶר	engaño, decepción, falsedad
שֹׁרֶשׁ	raíz
שׁרת	*piel:* ministrar, servir
שֵׁשׁ	seis (número de tarjeta) / byssus / alabastro
שִׁשִּׁי	sexto
שׁתה	*qal:* beber; *niphal:* estar borracho

תַּאֲוָה	deseo / límite
תְּאֵנָה	árbol de higo
תֵּבָה	caja, cofre
תְּבוּאָה	producto, ingresos
תְּבוּנָה	comprensión
תֵּבֵל	mundo
תַּבְנִית	construcción, patrón, figura
תֹּהוּ	falta de forma, confusión, irrealidad, vacío
תְּהוֹם	profundo, mar, abismo
תְּהִלָּה	alabanza, canto de alabanza
תָּוֶךְ	medio
תּוּר	*qal:* buscar, espiar; *hiphil:* espiar
תּוֹדָה	acción de gracias

תּוֹכַחַת	argumento, reproche
תּוֹלֵדוֹת	generaciones
תּוֹלֵעָה	gusano
תּוֹעֵבָה	abominación
תּוֹצָאוֹת	saliente, frontera
תּוֹרָה	ley, instrucción
תַּזְנוּת	fornicación
תְּחִלָּה	comienzo
תְּחִנָּה	favor, súplica por favor / Tehinnah ("favor")
תַּחַת	debajo, debajo, en lugar de
תֵּימָן	Teman / sur, viento del sur
תִּירוֹשׁ	mosto, vino fresco o nuevo
תְּכֵלֶת	violeta, hilo violeta
תלה	*qal:* colgar; *niphal:* ser colgado; *piel:* colgar
תֹּם	integridad, integridad, también parte de la coraza del sumo sacerdote
תְּמוֹל	ayer, recientemente, antes
תָּמִיד	continuidad
תָּמִים	completo, sonido

תָּמַךְ	*qal:* agarrar, apoyar; *niphal:* ser incautado
תָּמַם	*qal:* estar terminado; *hiphil:* terminar; *hithpael:* actuar honestamente
תָּמָר	Tamar / palmera, palmera datilera
תִּמֹרָה	palmera
תְּנוּפָה	ofrenda oscilante, ondulante, ofrenda
תָּעַב	*niphal:* ser aborrecido; *piel:* aborrecer; *hiphil:* hacer abominablemente
תָּעָה	*qal:* vagar, errar; *niphal:* ser descarriado; *hiphil:* causar errar
תִּפְאֶרֶת	belleza
תְּפִלָּה	oración
תָּפַשׁ	*qal:* agarrar; *niphal:* ser apresado; *piel:* agarrar
תִּקְוָה	esperanza / cordón / Tikvah ("esperanza")
תָּקַע	*qal:* empujar, aplaudir; *niphal:* ser soplado, golpeado
תְּרוּמָה	contribución, ofrenda (para usos sagrados)
תְּרוּעָה	grito o explosión de guerra, alarma o alegría
תַּרְשִׁישׁ	Tarsis / (piedra preciosa) prob. jaspe amarillo
תְּשׁוּעָה	liberación, salvación
תֵּשַׁע	nueve

Contenidos

Contenidos... 133

Notas

Serie

Lenguas de la Biblia y el Corán

1) Vocabulario hebreo / arameo – español del Antiguo Testamento.

2) Vocabulario griego - español del Nuevo Testamento.

3) Vocabulario árabe – español del Corán.

בְּרֵאשִׁית בָּרָא אֱלֹהִים אֵת הַשָּׁמַיִם וְאֵת הָאָרֶץ:

En el principio creó Dios los cielos y la tierra.

Esta obra se publicó en enero de 2021

andaluspublications.com

Made in the USA
Las Vegas, NV
23 January 2024

84731688R00085